DÉSIRÉE NICK
Neues von der
Arschterrasse

DÉSIRÉE NICK

Neues von der Arschterrasse

Marion von Schröder

Das Beste, was wir vom Leben erwarten können, ist,
dass wir das Schlimmste vermeiden.

Ich widme dieses Buch meinen treuen Fans, die seit
drei Jahrzehnten meine Wegbegleiter sind und schon immer
wussten, was in mir steckt: eine echte Mutter der Nation!

INHALT

VORWORT

Seit dem Jahre 1756 gilt die Hexenverbrennung in Deutschland als abgeschafft – zumindest in praktischer Form! Hinrichtungen finden heutzutage eher auf dem medialen Schafott statt. Frauen, die dieses geschickt zu umschiffen wissen, können sich spektakulärer Errungenschaften erfreuen. Noch nie hatten wir es so gut wie heute:

Das Wahlrecht, die Emanzipation, die Geburtenregelung, die Pille, das Recht auf Selbstbestimmung unseres Aufenthaltsortes und ein eigenes Ankleidezimmer haben wir uns erbittert erstritten – ja, wir sind Siegerinnen in der Schlacht um die Würde des Menschen und die freie Entfaltung unserer Persönlichkeit! Dennoch bleiben jede Menge Fragen, die sich uns stellen, seitdem wir eigene Konten, eigene Immobilien, Schamhaargestaltung, Botox, Busen-OPs und Babys ohne Trauschein in unsere Zukunftsplanung einbeziehen.

Wenn nämlich der Feminismus funktionieren würde, dann würde es längst schmerzfreie Stilettos geben!

Stattdessen entdecken wir einen massiven Rückstau von weiblichen Themen, von denen die Welt nichts weiß: Was fängt man mit seinem Partner an, wenn Paare plötzlich doppelt so alt werden wie früher? Kann man wirklich begehrenswert bleiben, wenn man vorm Zubettgehen alles raus- oder runternimmt und in eine Schublade legt? Was, wenn mein Traummann kokst? Was, wenn ich heiraten will, aber seine Frau dagegen ist? Wie bleibe ich im Rennen, wenn ich in der Mitte des Lebens auf einmal wieder Single bin?

Die Ansprüche, die ab vierzig an die weibliche Attraktivität gestellt werden, sind immens. Ohne Interesse an Victoria's Secret, Schuhtick und Jeans Size Zero stößt man heute auf dem gesellschaftlichen Parkett auf ZERO TOLERANCE!

Der Kampf um den persönlichen Marktwert als potentielle Partnerin wird vorm Standspiegel schlecht ausgeleuchteter Umkleidekabinen entschieden – um als »attraktiv« durchzugehen, wurde die Messlatte für uns einfach eine Spur zu hoch angesetzt. Eine »schöne Frau« zu sein ist neuerdings ein Fulltime-Job geworden, der es zeitlich einfach nicht erlaubt, auch noch »nebenher zu arbeiten«.

Die rabiaten Mittel, zu denen uns der Kampf um Weiblichkeit treibt, entsprechen nicht nur einer allgemeinen Maskerade, sondern sind pure Travestie.

Bildschöne blonde Russinnen, gertenschlanke Schwedinnen, elfengleiche Spanierinnen, rehäugige Italienerinnen, makellose Amerikanerinnen, delikate Brasilianerinnen – sie alle sind Konkurrentinnen von uns, dem Volksstamm der stämmig gebauten, schmallippigen, blassen Frauen mit straßenköterfarbenem, sprödem Haar, gebärfreudigem Becken in bevorzugt trittfestem Schuhwerk. Während eine filigrane Britin durchsichtig und blass ist wie eine englische Rose, so ist unser Teint grau. Fahl sind wir. Kräftige, zuverlässige Arbeitstiere wie die Islandponys vom Immenhof. Anmut ist uns in etwa so sehr in die Wiege gelegt, wie Olivia Jones eine Vagina hat.

Und in Zeiten der Globalisierung wird unseren Defiziten weltweit der Spiegel vorgehalten.

Wir hätten lieber nicht anfangen sollen, uns zu vergleichen.

Ach, was waren das für schöne, gemächliche Zeiten, als wir nicht bei der Partnerwahl gegen den Rest der Welt antreten mussten! Ein Mr Gelsenkirchen war dann eben auch der Platzhirsch von ganz Nordrhein-Westfalen und nicht nur ein unbedeutender Provinzkasper, der sich im Nirwana der virtuellen Welt verliert, wenn er den Höhepunkt seiner Karriere auf YouTube postet ... Nein, heute besitzen wir polyglotte Informationen, sehen uns nicht am eigenen Dorfanger, sondern weltweit im Internet um und stellen fest: Die persönliche Performance setzt uns gewaltig unter Druck. Wir ziehen den Bauch ein, lassen Fett absaugen, unter dem Einfluss der Peergroup den Überbiss korrigieren und die Zähne bleachen ... Und trotzdem sind wir am Strand in Nizza, Miami oder Phuket die Trampeltiere mit der Orangenhaut!

Unvorbereitet, unterbezahlt, ungeschminkt und ungeföhnt hat man heutzutage kaum Möglichkeiten, im Alltag die Rolle der Frau zu verkörpern.

Alles die Spätfolgen von *Sex in the City*! Magersüchtige Fantasyfiguren, für die rund um die Uhr ein ganzes Hollywood-Beauty-Department beschäftigt wurde, haben sich als Schnittvorlage in unser kollektives Unterbewusstsein geschlichen. Egal, ob die Beine kurz und krumm sind, der Hintern fett und der Hals kurz, wir zwängen den Schwabbelbauch in Low Cut Stretch Jeans, die Ballenfüße mit dem schmerzenden *Hallux valgus* in die schmalen Riemchensandalen, und nicht selten prangt an dicken Wurstfingern ein funkelnder Swarovski-Edelstein. So wie Prominente im One-Million-

Dollar-Lighting glamourös erstrahlen, so will auch die neue deutsche Frau aus sich selbst das Beste rausholen. Wenn die emanzipierte Frau von heute die Eigernordwand erklimmt, wird ganz einfach erwartet, dass sie das auf Highheels tut. Wie sieht denn das sonst aus? Kommt ja gar nicht rüber in den Medien!

Und am Ende des Tages wird man wegen des Low-Carb-Regimes, das längst ein Massenphänomen geworden ist, noch gehänselt wie eine Aussätzige, wenn man im Restaurant nach Brot fragt! Der Brotkorb scheint in gewissen trendbewussten Kreisen das neue Heroin zu sein. Bleibt man mal morgens bis elf Uhr im Bett, anstatt bei Wind und Wetter um die Alster zu joggen, erntet man sowieso Häme und Missachtung.

Woher soll man als Frau denn bitte schön wissen, wann man aufzustehen hat, wenn kein Kammerdiener da ist, der morgens die Jalousien hochzieht?

Und wer sich nur der Arbeit widmet und dieses Rattenrennen um Ehrgeiz, Wettstreit und Poleposition in der Ankleidegarderobe des Fitnesscenters nicht mitmacht, gilt als Spielverderberin. Denn das Partygirl, die Facebook-Promiqueen mit fünftausend Freunden und dem Push-up-Bra, soll man neben Mutter, Gastgeberin, Bloggerin und Karrierefrau auch noch sein.

Ich bin der Meinung: Die besten Frauen sollten – wie ein sanft surrender Rolls-Royce – voll eingefahren an den Kunden ausgeliefert werden. Aber das funktioniert doch nur, wenn wir Frauen bleiben dürfen.

In Zeiten, in denen Männer sich ihre Augenringe abdecken und die Augenbrauen färben, Permanent-Make-up entdecken und mit pompöser Maskerade als metrosexueller

Mann wahrgenommen werden, muss man als Frau neue Wege beschreiten. Neue Horizonte erklimmen. Sich von dem ganzen Trash distanzieren. Jede Wochenendtranse schlüpft inzwischen als Allround-Karnevalist in die Muttirolle und radiert damit vierzig Jahre Schwulenbewegung aus, welche erbittert darum gekämpft hatte, nicht mit Vorurteilen und Klischees von Narretei und Tuckentum abgewertet, sondern gleichberechtigt wahrgenommen zu werden.

Doch seit das Fernsehen nach vierzig Jahren Schwulenbewegung die Medientunten entdeckt hat, laben diese sich in ihrer Eitelkeit plötzlich an der ihnen zugeschriebenen Rolle als Pausenclown und Hofnarr. Wodurch die homophoben Mitbürger tatsächlich in dem dummen Vorurteil Bestätigung finden, jeder Schwule liefe im Fummel und mit Stilettos rum.

Und parallel dazu impfen wir unseren Töchtern maskulines Ellenbogendenken und Unabhängigkeit ein, damit sie nicht mit Barbie-Puppen spielen, sondern mit aufgeschlagenen Knien, dreckigen Stutzen, haarigen Waden und Oberlippenbärten »gleichberechtigt« in die Rolle eines ganzen Kerls hineinwachsen.

Unsere Körper sind zum Schlachtfeld geworden – aber das Problem bei einem Krieg gegen sich selbst ist, dass man zum Verlierer wird, selbst dann, wenn man siegt!

In einer idealen Welt würde niemand Frauen danach bewerten, wie sie aussehen. Das Patriarchat soll sich gefälligst mit uns als ganzheitlichen Wesen, mit unserem Herzen und unserer Seele auseinandersetzen und nicht die äußere Hülle zum kapitalistischen Wertmaßstab erheben.

Selbst ein zwei Meter großer Transvestit mit Wimpern aus Krepppapier und Acrylstilettos in Größe 46, der sich eine

Matratze als Binde zwischen die Beine klemmen muss, wenn er seine Periode bekommt, erfährt heute mehr Toleranz als eine Frau in der Mitte des Lebens, die so rumlaufen will, wie sie sich nun mal wohl fühlt.

Okay, es gehört wahrlich die TOTALE Selbstverleugnung dazu, den eigenen Penis wegzubeamen und zu erwarten, dass alle dabei mitspielen, aber wenn Transvestiten auch nur einen einzigen Tag in der Haut einer echten Frau stecken würden, wären sie bis in alle Ewigkeit von ihrer Maskerade kuriert. Denn das Dekolleté einer Achtundzwanzigjährigen über dem Herzen einer Fünfzigjährigen ist heute zum allgemeinen Standard geworden. Augenlider werden in der Regel so radikal weggeschnippelt, dass am Ende nur weitaufgerissene Pupillen übrig bleiben, die just in dem Moment eingefroren scheinen, als sie die Rechnung des Chirurgen präsentiert bekommen.

Um bei diesem Standard mithalten zu können, hilft uns eine ganze Personality-Produktpalette, an der wir uns beweisen und bewerten lassen müssen. Die deutsche Mutti hat sich zum Arbeitstier und zur Kämpferin an vorderster Front entwickelt. Nutztiere und Lastesel sind wir geworden, die neben Karriere, Küche und Kindern noch den »Ich shoppe, also bin ich«-Wettstreit bewältigen müssen.

Was aber, wenn man rein monetär nicht in der Lage ist, über die unverwüstlichen Ressourcen des hippen Lifestyles – Mode, Make-up, Kokain – zu verfügen? Wohl der, die sich so glücklich wähnt, ihr Haar lang wachsen lassen zu können – »so eine« wird immer einen Notausgang haben, wenn die Bedrohung existentiell wird. Ist doch das hüftlange Haar Schmuck all jener, die nicht im Luxus leben dürfen – eine preiswerte, persönliche Kostbarkeit. Eine Zierde, die nicht vergessen, verloren, gestohlen, zerbrochen oder kopiert werden kann. Kostenfrei, sicher. MEIN Haar gehört nun mal mir.

Dann ist es aber auch schnell vorbei mit dem Epizentrum kostenfreier, femininer Verlockungen. Die individuelle weibliche Note herauszufiltern unterliegt gesellschaftlich diktierten Zwängen. Ohne *high maintenance* Selbstinszenierung kann heute niemand mehr auf dem Parkett der Eitelkeiten mithalten. Nicht dass Wimpernverlängerung, Permanent-Make-up, Extensions, die Gucci-Tasche und die Rolex ausreichen würden, man muss auch im beruflichen Ranking die Poleposition einnehmen: Schließlich gibt es Personal Coaches, die inzwischen Hochschulabsolventen beibringen, wie man aufrecht gehen, stehen, sitzen und den Körper sprechen lassen soll! Ich meine, sind wir vorher wie wilde Tiere durch unser Revier gekrochen oder buckelig von Ast zu Ast gehüpft?

Qualifikationen, Karrieren, Leistungsdruck sind zum Zeitfresser geworden, der immer weniger Raum für die Entfaltung dessen zulässt, was wir eigentlich von Natur aus sind: Frauen!

Heute dreht sich stattdessen alles um die persönliche Performance! Sind wir denn alle Künstler neuerdings? Auf den TV-Kanälen sind die Schauspieler jedenfalls längst von den Doku-Stars verdrängt worden, die gerade eben wegen ihrer amateurhaften Authentizität mehr hergeben als sprachlich geschulte Berufsmimen.

Ein neues Kapitel des Feminismus ist eröffnet: Der Aufstieg und Niedergang weiblicher Idole und Ikonen der Popkultur misst sich am Erfolg ihrer Liebschaften, Affären und Beziehungen, die uns in Form einer endlosen Reality-Soap als moralische Lehreinheit serviert werden. Aber mit Scheidungen ist es wie mit Flugzeugabstürzen: Wer erfolgreich und planmäßig startet und landet, von dem gibt es nichts zu berichten. Transparent werden die Gefahren des Fliegens erst dann, wenn wir selber involviert sind, Katastrophen uns erschüttern – und der Flieger in der Wohnsiedlung landet. Genauso ist es mit Beziehungen: Erst offizielle Bruchlandungen gelten als amtlich gescheitert. Die Invaliden, die mit zahlreichen Blessuren an Bord geblieben sind und deformiert eine Ehe aussitzen, treten gar nicht in Erscheinung.

Der Status der Bindung allerdings spiegelt in keinster Weise den Grad des persönlichen Lebensglücks wider.

Ich glaube an die Frauenbewegung nur von der Hüfte abwärts. Denn mit Brüsten aus Granit und einem Hirn wie ein Schweizer Käse sind die wesentlichen Voraussetzungen eines Starlets heute erfüllt. Während in wundersamer Vorzeit Talent die Visitenkarte für eine Karriere war, zeigen hochgetunte Comicfiguren heute die ganze Bandbreite ihrer Emotionen – und zwar von A bis B. Berühmt zu sein hat fast schon was Banales. In einer Welt, in der große Entertainer zu Hause auf dem Sofa sitzen und den Nobodys in ihrer Hartz-IV-Verelendung zuschauen, stimmt doch was nicht.

Und nach Emanzipation und einem Siegeszug der Frauenrechtlerinnen stoßen zu Beginn des 21. Jahrhunderts unsere Töchter auf Rollenmodelle, die ein Vakuum mit Brustwarzen verkörpern. Das Vaginalbusiness wurde zum Sprungbrett für die Medienkarriere. Organisierte Prostitution hat die Laufstege und Vorabendserien erreicht. Wenn Gina-Lisa Lohfink spricht, klingt das, als hätte sie den Mund voll mit Toilettenpapier.

Abnorme Silikonmonster haben hierzulande ihre Ableger hinterlassen ... und damit ein neues Frauenbild in der Gesellschaft geprägt. Und wenn erst die runden Geburtstage kommen, sehen die Gesichter der Hollywood-Ikonen aus, als wären sie aus Zucker und jemand hätte sie glattgeschleckt.

Früher haben Hausfrauen Kuchen gebacken und Orgasmen simuliert, heute haben wir Orgasmen und simulieren, dass wir backen können. Wir leben in einer Zeit, in welcher der Pizzaservice schneller zu Hause eintrifft als die Polizei. Bei so vielen falschen Vorbildern ist die Rolle der Frau diffuser denn je. Was sollen wir unseren Töchtern und unseren schwulen Söhnen mit auf den Weg geben, damit sie sich in der Bilder- und Informationsflut des 21. Jahrhunderts zurechtfinden und nicht die Orientierung verlieren?

Die unmerkliche und langsame Verschiebung gesellschaftlicher Strukturen hat den Kerlen ganz schön eingeheizt! Hunderttausend Jahre haben Männer ungestört regiert. Dann, in einem Millimeter auf der Zeitskala, hat das Matriarchat der Welt seinen Stempel aufgedrückt. Niemand will Männer von dem abhalten, was sie schon immer getan haben. Wir wollen als Frauen nur einen größeren Anteil der Weltherrschaft! Schließlich wäre das nicht nur fair, sondern gleichberechtigt.

Natürlich haben auch heute noch die Männer die Macht und das Geld – aber sie haben einen wunden Punkt: sexy Frauen! Das gehört zum Geschäft, Baby! Frauen mögen auf allen vieren ihren Hintern auf den Doppelseiten des *Playboy* in die Luft recken und damit die Raten ihrer rosafarbenen Villa abbezahlen – der einzige Unterschied seit dem 19. Jahrhundert ist, dass ihnen heute das Haus gehört!

Mit den dreißig Jahren, auf die ich zurückblicken darf, seit ich fünfundzwanzig bin, stelle ich fest: Frauen regieren erst die halbe Welt – und das reicht uns nicht. Das Patriarchat soll gefälligst seinen Fuß vom Gaspedal nehmen und sich ein paar neue Hobbys suchen: Warum nicht ein Wochenende Pause beim Paintball einlegen und wirklich mal die Welt den Frauen überlassen? WOVOR, verdammt noch mal, haben die Kerle eigentlich Angst, wenn wir eh das schwache Geschlecht sind? Manche von uns Mädels haben nun mal Eier. Genauso wie es mopsige, heterosexuelle Typen gibt, die kleine Tittchen haben und lieber im Freibad einen Bikini tragen sollten. Wir alle wurden nackt geboren – der Rest ist immer Travestie. Und unsere Kunstform als Dragqueens besteht darin, im Petticoat und auf Highheels die Vorstandsetagen, Zahnarztpraxen, Chefetagen, Cockpits der Lufthansa und den Bundesgerichtshof zu übernehmen. Genauso wie die Kerle als Starköche im TV gelandet sind und dort die neuen Popstars geben, so wechseln auch wir das Terrain. Die Männer sind freiwillig an den Herd gegangen, wir erobern dafür die Vorstandsetagen.

Hauptsache, nicht auf halbem Wege steckenbleiben.

Die besten Frauen werden in Zukunft nicht nur Prinzessin sein, sondern Göttin, Muse und CEO. In den attraktivsten Frauen von morgen steckt nun mal ein ganzer Kerl – und zwar einer mit Haaren, die sitzen! Früher wurden wir als Hexen verbrannt, heute fliegt möglicherweise eine ganze Vorstandsetage in die Luft, weil wir uns einen Whiskey ausschenken und uns dabei die Haare sprayen!

Und wir Frauen 50+ gehen dabei mit bestem Beispiel voran! Wir als die Babyboomer haben schon deshalb die Macht, weil wir die bevölkerungsstärkste Gruppe sind. Was wir nicht kaufen wollen, hat am Markt keine Chance!

Die Kinder der sechziger Jahre sind kollektiv gerade mal volljährig geworden – der Rest ist Erfahrung. Alt wird man erst dann, wenn man aufhört zu lernen. Natürlich kann man die Uhr nicht zurückdrehen – aber man sollte sie neu einstellen!

Nur mit gesundem Humor und intakter Kleidung lässt sich unser Elend meistern. Und in diesen Bereichen gebe ich mit diesem vorliegenden Werk Schützenhilfe. Dieser Support ist nicht nur dringend nötig, sondern lebensnotwendig. Die längst überfälligen Antworten auf Ihre nie gestellten Fragen sind nicht nur meine persönliche Erste Hilfe, sondern liebevolle Mund-zu-Mund-Beatmung. Denn wir als Kinder der sechziger Jahre sitzen alle in einem Boot.

Und wir werden es schaffen, unseren Kindern zu vermitteln, dass sie auch ohne Arschterrasse und angenähte Haare liebenswert sind. Oder zumindest okay. Ich bin auch nicht perfekt. Trotzdem habe ich es geschafft, mit gutem Beispiel voranzugehen. Denn ich kenne die Regeln des guten Geschmacks.

Glauben Sie mir: Zu viel Rouge und zu kurze Röcke sind immer ein Zeichen von Verzweiflung bei einer Frau.

Und wer meinen Ratgeber konsumiert, wird genau davor bewahrt.

Wie Sie Ihre innere Schönheit der äußeren anpassen, Make-up reduzieren, Diäten vergessen, Spanx Fett-weg-Wäsche richtig selektieren, Outdoor-Sex vermeiden, VIP-Freunde abschießen, die Lügen des Ex anprangern, Wax in the City und Brazilians integrieren, Blind Dates outsourcen, Hefepilzinfektionen ausweichen und Ihr erstes Gewächshaus in den Griff kriegen, verrät mein neuer Instant-Ratgeber.

Denn ein Leben als Frau ist auch dann noch möglich, wenn das Teddybär-Tattoo am Unterbauch längst für eine Giraffe gehalten wird.

1

Die Magie gelber Haare

Alles, was man über ein Leben als Frau wissen muss, offenbart sich uns nicht etwa im Skiurlaub, sondern knallhart am Strand. Dem physischen Kassensturz um die Bikinifigur kann man bei einem Nordseeurlaub in den weißen Bermudashorts mit dem Cashmere Wrap vielleicht noch entkommen, aber wer den einzig wahren Sommer sucht, also das echte AZUR, der wird den Bahamas, Bermudas, Phuket, der Côte d'Azur, Capri, Ibiza, der Karibik, den Malediven etc. pp. nicht entkommen. Sei es Acapulco, sei es Cancún, der Tauchurlaub auf den Seychellen oder Miami Beach: Nichts ist geeigneter Träume zu zerstören als natürlich-greller Sonnenschein! Nun zeigt sich, welchen Körper man sich verdient hat.

Nach einem wohlverpackten Winter in den Bikini zu wechseln und das Schaulaufen neben sandgestrahlten Brasilianerinnen und sehr, sehr braunen Italo-Amerikanern nicht zu scheuen ist härter als jede Dschungelprüfung. Denn es stellt klar, ob man unter den ganzen Verbrannten, Operierten und abgesaugten Beauties mit Melonenbrüsten, Zehenringen und Schmetterlingen in der Intimzone überhaupt noch antreten kann.

Wer als Frau am Ball bleiben will, sollte sich regelmäßig in Acapulco oder Cancún neu einordnen. Dirndl und Skianzüge machen allzu leicht vergessen, welche Depots an Orangenhaut es sich in der feuchten Wärme zwischen unseren Oberschenkeln gemütlich eingerichtet haben.

Es ist mein ultimatives Beauty-Geheimrezept, unter härtesten Bedingungen mit Pareo, Sonnenhut, großer Brille einmal jährlich Ipanema Beach zu entern und im Laufe von vier Wochen meine Requisiten nach und nach abzulegen.

In den ersten Tagen des Urlaubs verstecke ich mich meist bis zur Hüfte unter einem großen Sonnenhut im Pool und setze zur Papayasaft-Diät an. Nur auf Ananas zu sein kann in drei Tagen enorm viel bewirken. Dann gehe ich eine Woche lang tauchen. Da sieht mich erst mal keiner. Der schwarze Neoprenanzug macht schlank, und am Festland fühlt sich auf diese Weise keiner von mir gestört.

Die zweite Woche suche ich Zuflucht in Massagestudios und Spa-Bereichen. Die halten die Klappe, weil ich sie bezahle und sie mir erzählen müssen, wie gut ich aussehe, damit ich wiederkomme.

Aber in der dritten Woche, da begebe ich mich in den Spießrutenlauf und verbringe zunächst liegend, dann halb kniend und schließlich stehend die Tage unter praller, schädlicher Karibiksonne. Fettig glänzend wie ein wohlgenährter, knackiger, strammer deutscher Engerling. Irgendwann werden die roten Hautflecken tatsächlich goldig braun und dann gehe ich zur Pediküre.

Nun findet man mich in der letzten Woche meines Urlaubes in blauen, orangen, pinken, weißen und schwarzen Bikinis mit Flitterpailletten an allen Stränden der Karibik. Nicht nur stehend, sondern Strände und Palmenbuden mit einem exotischen Drink patrouillierend beziehungsweise zielorientiert abarbeitend. Auf diese Weise bin ich auf den entlegensten Inseln gelandet.

Man findet in der Dritten Welt immer jemanden, der einen für zweihundert Pesos auf sein Fischerboot einlädt. Nur die Einheimischen kennen die unbebauten Inseln mit einer einzigen Palme, auf der einem die Krokodile aus der Hand fressen.

Ja, ich kenne mich aus! Trotz Menschen- und Mädchenhandels wage ich mich unter glattrasierte und minimal bekleidete Lateinamerikanerinnen und nehme mit Land und Leuten Kontakt auf. Selbst unter Analphabeten bin ich als die große, blonde, blasse, verbrannte deutsche Frau bekannt. Wenn der große Regen kommt, fallen wir gemeinsam auf die Knie und danken den Mayas. Nicht einmal australische Aborigines würden mich als zimperlich bezeichnen.

Natürlich ist es ein unfairer Kampf. Denn wenn eine ganze Nation im Bikini aufwächst, dann stellt sich selbst bei strengen Katholiken ein ganz anderes Körperbewusstsein ein. Ein Leben lang bei Nieselregen eingemummelt im Strandkorb klönen lässt einen irgendwann wirklich dran glauben, »natürlich« sei am schönsten. Aber wirklich nur in *good old Germany*. In der großen weiten Welt ist »natürlich« ganz bestimmt nicht am schönsten. Außer man ist so natürlich wie Heidi Klum. Also mit grünen Kontaktlinsen, angenähtem Haar und airgebrushtem orangefarbenem Teint aus der Spraydose. Und viiieeel Photoshop.

Auf Dauer Hüftspeck, Stiernacken und schwabbelige Oberarme unter dicken Wohlfühlklamotten zu verstecken kann über vieles hinwegtrösten, weil dann der Pflaumenstreuselkuchen gleich doppelt lecker schmeckt. Aber wie bei einem Junkie aus der blassen Comfort-Zone wird die Verleugnung der gutgenährten Nacktheit unter schokoladenfarbener Gesellschaft irgendwann zum Body-Blues führen. Denn das Leben hat den Nordeuropäern Grausames angetan. Und ich erhebe meine Stimme hier für ALLE! Tourismus, Werbung und Medien haben Ansprüche generiert, die von Mutter Natur in dieser Form nie vorgesehen waren. Was heute so am Strand als die Crème de la Crème gilt, kommt galoppierenden Fischen gleich. Fliegenden Schildkröten. Flatternden Schlangen. Es ist das Zeitalter der Mutanten angebrochen. Denn an einem x-beliebigen Strand in Lateinamerika unter Dutzenden und Aberdutzenden gleichfarbiger Sonnenschirme jemanden zu finden, der – wie einst Bo Derek – als Traumfrau die volle Punktzahl erreicht, ist unmöglich. Dort sticht man nur noch raus, wenn man menschlich unperfekt ist. Aber das menschlich Unperfekte wurde eliminiert, seit die Globalisierung uns Ikonen der Schönheit beschert hat, von denen wir früher, als wir noch bescheiden vor Telefonen mit Wählscheibe saßen und lauter sprachen, wenn ein Anruf aus Übersee kam, nichts ahnten. Zu dieser Zeit konnten sich unsere Eltern nichts Schöneres vorstellen als Nadja Tiller, die Miss Austria von 1949. Und als dann die Kessler-Zwillinge zu Beginn der Fünfziger aufschlugen, schienen alle Optionen, die unserer Rasse als Schönheitsmerkmale möglich sind, ausgeschöpft. Wir hatten keine Fragen mehr.

Die Vertreibung aus unserem Paradies schlichter Schönheitsmaßstäbe und normaler Ansprüche an Ästhetik begann in den Achtzigern. Ja, es war eine Zeit primitiver Naivität, als noch Weltklassemodels wie eine Lauren Hutton (die mit der Zahnlücke) oder eine Veruschka Gräfin von Lehndorff unsere Schönheitsideale prägten. Die späten Siebziger haben uns traumatisiert, denn uns wurden im Vergleich zu heute die falschen Merkmale eingeimpft: eine Cheryl Tiegs, eine Christie Brinkley, eine Farrah Fawcett haben den Standard für Schönheit festgelegt – ein Standard, der sich längst wieder überholt hat: kleine Augen, flacher Hintern, dünne Lippen … Willkommen im Paradies der natürlichen Frauen! Ich mag zwölf gewesen sein, aber ich wusste, hier läuft was falsch. Denn irgendwann war ein Jerry-Hall- und Claudia-Schiffer-Look mit spanischen, vollen Lippen und einem aufpolierten Pferdegebiss nicht mehr genug. Es mussten gelbe Haare her. Ja, ich spreche von Gelb und nicht von blond. Denn wenn Kinder Prinzessinnen im Walt-Disney-Album ausmalen, dann liegt im Tuschkasten kein »blonder« Stift, sondern voller Unschuld greifen die Teenies von morgen zur Farbe »Gelb«.

Schneewittchen oder Dornröschen? Wer bist du? Wie eine bittere Pille verabreichen wir diese Frage jeder unserer Töchter, der wir aus dem Märchenbuch vorlesen. Und der Malkasten von Prinzessin Lillifee hält für Kinder mittlerer Intelligenz oder darunter eben nur zwei Farben bereit: Schwarz oder Gelb.

Überqualifizierte Nur-Hausfrauenmütter aus dem Prenzlberg würden wahrscheinlich das Kind als »hochbegabt« einstufen, wenn es nach »Haselnussbraun« verlangt.

Aber schon bei Dreijährigen wird Dornröschen zur Favoritin – weil sie mit Schneewittchen eben kein gesponnenes Gold, sondern kackbraunes Schokoladenhaar aus dem Fingerfarbenmalset assoziieren.

Eine echte Prinzessin ist nun mal blond, gut und schön. Braune, kurze Haare und ein schielender Blick mit eng zusammenstehenden Augen, das sind Symbole des Satanismus und der Tyrannei. Und da ist was dran – ein Hoch auf Grace Kelly und Doris Day!

Sicher, eine Liz Taylor oder Vivian Leigh bleiben als exotische Schönheiten auch unvergessen, aber sie gelten doch eher als die intellektuelle Alternative. Schließlich gab es ja mal Zeiten, als die Popkultur so weiß war, dass erst eine Diana Ross die Welt erobern musste, um schwarze Musik salonfähig zu machen. Und Diana schauspielerte perfekt eine weiße Upper-class-Lady.

Die Popkultur war einst so verdammt weiß, dass selbst Jaclyn Smith als schoko galt. Aber in den Achtzigern änderten sich die Dinge, gerade nämlich zu der Zeit der Supermodels wie Tatjana Patitz, Cindy Crawford, Claaaudia, Kim Basinger und Kelly LeBrock.

Vorhang auf für eine Iman, eine Naomi Campbell und eine Halle Berry! Auf der Bildfläche erschienen exotische Schönheiten, deren Vorzüge wir nicht einmal erahnten. Die Welt war bereit für *some real dark chocolate*.

Und wir liebten es, denn plötzlich kam schoko als »weiß« daher: Tyra Banks! Das blauäugige blonde Latte-macchiato-Topmodel, an das Heidi Klum die Kohle abdrücken muss, wenn sie ihren nächsten *Germany's Next Topmodel*-Vertrag unterschreibt. Mrs Banks, die Erfinderin aller Model-Casting-Shows und ein seltener genetischer mittelamerikanischer Mix der Kulturen, der das Spotlight auf Uruguay richtete: Denn dort leben sie, die schönsten Menschen der Welt ... Die milchkaffeefarbenen Blondinen mit der gelben, samtglatten Afromähne, den himmelblauen Augen, den schwedisch langen Beinen, der kleinen Stupsnase, den zweiunddreißig perfekten Tiefseeperlen im Gebiss, dem kalifornischen Lifestyle und den Oberarmen einer Michelle Obama. Willkommen, Gisele Bündchen! Ihr fehlt nur eins: der jamaikanische Salsa-Arsch! Und genau darauf hat Jennifer Lopez abgezielt. Ich prangere JLo an, denn sie hat als Trendsetterin die Arschterrasse eingeführt und mit ihrem runden, prallen, puertoricanischen Hinterteil alles durcheinandergebracht: Verzweifelte, an sich selbst gescheiterte Frauen haben weltweit einen Markt für das Arschimplantat geschaffen.

Eine lockere, auf der Hüfte aufliegende Low Cut Jeans à la Kate Moss? Das verströmt inzwischen bestenfalls altmodischen Vintage-Charme – wie eine bunte Wachstuchtischdecke auf dem Siebziger-Jahre-Balkon.

Nein, heute muss schon eine ernsthafte schwarzafrikanische Breitbildleinwand-Situation in Form eines Arsch-Profils geboten werden, wenn ein pressetaugliches Foto auf dem roten Teppich geschossen werden soll.

Eine Frau, die im Rennen bleiben will, muss heute vornerum nicht nur das hochgetunte D-Dekolleté à la Pamela Anderson vorweisen, sondern hintenrum den prallen, stehenden Hintern einer schwarzen Sklavin. Frauen müssen heute Ärsche haben. Ärsche, die man inzwischen schon im Katalog bestellen und anziehen kann. Ärsche, die auf der Leine hängen und dank H&M Mainstream geworden sind. Spanx war einst das Hilfsmittel der Hollywood-Elite, die plötzlich entdeckte, dass auch so was wie ein wattierter Push-up für den Arsch den Marktwert steigert. Sonst will das neue Hérve-Léger-Stretchkleid einfach nicht sitzen. Eine Frau, die Brustimplantate vor sich herschiebt, würde ja auch auf Stilettos vornüberkippen, wenn nicht hinten ein Gegengewicht geschaffen wird.

Aber bitte schön, Arsch heißt nicht breite Hüften und deutsches, gebärfreudiges Becken! Nein, die JLo-Arschterrasse trifft auf die schmalen Hüften eines neunjährigen Mädchens in der Vorpubertät. Am besten noch dazu schmale, sehr kleine japanische Füße. Aber die wurden schon vor dreitausend Jahren den Asiatinnen abgebunden und verstümmelt, damit sie nicht wachsen und die trippelnde Geisha einem nicht mit Siebenmeilenstiefeln abhauen kann. Da muss die deutsche ambitionierte Traumfrau, die sich ihrer neuen Brustimplantate rühmt, also dringendst das aufgeblasene Hinterteil bestellen, ihre Louboutins in Größe 40 unterm bodenlangen Zobel verstecken, die Haut orange airbrushen, die Lippen negroid aufspritzen und sich gelbe Haare annähen, bevor sie sich »Playmate of the Year« nennen darf.

Fassen wir also zusammen:

Wer sich als »schön« am Strand qualifizieren will, von dem wird ZUSÄTZLICH ZUR ARSCHTERRASSE Folgendes erwartet:

* himmelblaue Augen
* volle Angelina-Jolie-Lippen
* eine kleine Stupsnase à la Rihanna
* unbehaarte, samtige asiatische Haut mit einem kalifornischen Teint
* eine rasierte brasilianische Bikinizone
* kleine Kinderfüße à la Eva Longoria
* die Bauchmuskeln einer lesbischen Fitnessstudiobetreiberin aus dem SO36 in Kreuzberg
* die Hüften eines präpubertären Mädchens
* die Oberarme von Michelle Obama
* 32 perlweiße Zähne direkt importiert aus DomRep
* die Titten von Barbie.

Wenn Sie diese To-do-Liste abgearbeitet haben, wäre es wirklich schade, wenn Sie ausgerechnet beim Schaulaufen in Ipanema wegen Ihres flachen Hinterns nur in der Regionalliga mitspielen könnten.

Nehmen wir also an, Sie setzen alles auf eine Karte und sagen »Ja« zum Arschimplantat.

Millionen von Männern werden Sie ermutigen und zugeben, dass sie schon immer insgeheim auf pralle Ärsche standen und deshalb JLo anbeten.

Bums, werden Sie sich wieder hinten anstellen müssen, denn just in dem Moment kommen bewundernswert fleischige, stramme, dicke, muskulöse Oberschenkel um die Ecke und machen all Ihren Bemühungen einen Strich durch die Rechnung: Hallo, Beyoncé! Du hast uns Nordeuropäerinnen doch richtig eine Klatsche verpasst, indem du nämlich neben voller, wilder blonder Mähne und blauen Augen mit einem Sixpack, dort wo wir jetzt die Schwangerschaftsstreifen haben, die Arschterrasse mit schmalen Hüften UND wohlgeformten, weiblichen Oberschenkeln kombiniert hast. Das heißt, du hast es gar nicht kombiniert, sondern das hat der liebe Gott so geformt. Weil deine Eltern offensiv gebrütet haben und sich dabei Merkmale ausgebildet haben, welche dich mit deinen göttlichen Attributen ans obere Ende der Nahrungskette manövrieren. Da können wir deutschen Landarbeiterinnen, die selbst im Hochadel jede Menge klumpige Prinzessinnen produzieren, einfach nicht mithalten.

Und wir achtzig Millionen Deutsche sind auch noch so blöd und schaffen einen Markt für eine Kim Kardashian, die, wie wir alle wissen, von russischen Wissenschaftlern im Labor konzipiert wurde, um unsere Athleten zu sabotieren.

Alle, die nicht aussehen wie Kim Kardashian, krepeln im Grunde genommen erfolglos vor sich hin. Man muss eben kämpfen. Denn Kimmi hat es nicht mal mehr nötig, blond zu sein. Sie zeigt allen Blondinen den Stinkefinger.

Die mit den gelben Haaren und den blauen Augen, also die Heidis unter uns, müssen nun ins Bootcamp und werden an automatisierte Foltermaschinen geschnallt, damit sie ihre Arsch- und Oberschenkelmuskeln auf karibische Limbo-Idealmaße aufpumpen. Denn wer heute nicht »scharf« aussieht, von dem wird ganz einfach erwartet, dass er an sich arbeitet, bis er Rihanna ist. Die kann aber auch noch singen. Wie so viele andere auch. Doch das allein reicht ja alles nicht mehr.

Wir Deutschen können uns auf dem internationalen Markt nur bescheiden hinten anstellen. Oder wir müssen uns als Campingmutti an die Ostsee verkriechen. Es sind dunkle Zeiten für uns angebrochen, und wir haben es nicht einmal gemerkt. Wie sollen wir unseren Töchtern und unseren schwulen Söhnen beweisen, dass sie ganz genau so, wie Gott sie geschaffen hat, okay sind? Und wie sollen wir es hinkriegen, obendrein selber mit gutem Beispiel voranzugehen?

Mein Hintern zum Beispiel ist herzförmig. Aber leider eben verkehrt herum. Meine Brüste sind nicht auffällig groß, aber sie sind tauglich, um ein- oder zweimal im Jahr für eine CSD-Parade, ein Fotoshooting oder ein Plakat nach oben aufgebockt zu werden.

Meine Hüften sehen aus, als ob jemand erfolglos Hefeteig um eine Bocksbeutelflasche gewunden hat, in der Absicht, dies als Grundgerüst für den Backofen eines Hexenhauses aus

Lebkuchen zu verwenden. Leider ist der Hefeteig unkontrolliert aufgegangen.

Im hinteren, unteren Rückenbereich setze ich das an, was Gerit Kling in der Sendung »Shopping Queen« als »Rattenfett« bezeichnet hat. Dieses Rückenfleisch wuchte ich aber in Abendkleidern behände nach vorne, um es mit in den Wonderbra zu hieven und es den Leuten auf meinem Plakat als Dekolleté zu verkaufen.

Mein Bauch hat sich gegen Sit-ups immunisiert, was ich auf eine falsche Haltung beim Sitzen zurückführe, die daher rührt, dass ich viel am Computer schreibe und gezwungen bin, wegen meines Doppelkinns den Kopf zu senken, um nach unten zu schauen, weil ich Autorin bin und nicht in St. Lucia an meinem eigenen Pool auf einer praktischen Lounge-Liege Hof halte, während ich meiner kreolischen Assistentin die Kapitel meiner Bücher diktiere. Ich muss selber schreiben. Deshalb wird mein Rücken immer runder und die Schultern senken sich nach vorne. Auch weil ich regelmäßig als alleinstehende, umweltbewusste Frau das Altglas zum Container schleppe. Dies würde entfallen, wenn mir ein mexikanischer Diener Drinks mit Strohhalm im Cocktailglas servieren würde.

Arm macht eben hässlich!

Aber ich habe einen einzigen kleinen Vorteil im Gepäck: Im Meer der Latinobeauties mit den prallen Beyoncé-Oberschenkeln, den Melonenbrüsten, der samtigen Lattemacchiato-Bikinizone, den Jimmy-Choo-Strandpantoletten in Größe 35 (weil man einen kleinen Indie dazwischengespritzt hat), den blauen Augen und den wilden blonden brasilianischen Gisele-Bündchen-Mähnen, den Rihanna-Stupsnasen, Angelina-Jolie-Lippen (weil der Ururgroßvater ein kenianischer Sklave war) und den JLo-Arschterrassen findet mich an jedem Strand der Welt unter den Tausenden von bunten Sonnenschirmen mein Sohn sofort wieder.

Und die Gerechtigkeit ist für mich wieder im Lot, wenn ich in Cancún auf meiner Terrasse sitze und am Nebentisch eine komplett durchoperierte, gelaserte, aufgetunte amerikanische Familie sehe, die drei Kinder hat, an denen der Stuckateur noch nicht das Brecheisen angesetzt hat.

Diese halslosen Monster ohne Kinn, mit dem Überbiss, den Plattfüßen, den abstehenden Ohren und der schiefen Adlernase verraten ganz en passant, wie wohl die Eltern einst ausgesehen haben müssen. Denn Proportionen lassen sich nun mal nicht verändern. Das einfachste und schmerzloseste wäre, die Haarfarbe dieser uncharmanten, verbauten, missratenen Ableger zu ändern. Denn gelbe Haare haben nun mal Magie. Man könnte auf dem Oktoberfest eine blonde Perücke über einen Hydranten stülpen und kann sicher sein, dass es einen Trottel geben wird, der die Lederhose fallen lässt und den blonden Pfosten rammelt.

Und wenn mir Anouschka Renzi noch mal über den Weg läuft, dann werde ich mich bei ihr entschuldigen. Entschuldigen dafür, dass ich ihr einen Kinnhaken gegeben und an ihren braunen, kurzen Extensions gezerrt und mit meiner Clutch verhauen habe. Und dann werde ich mich bei ihr bedanken. Bedanken dafür, dass sie wirkt wie eine Wachsfigur, die bei Madame Tussauds einer Feuersbrunst zum Opfer gefallen ist und seitdem nicht mehr so aussieht wie alle anderen, die beim gleichen Arzt gewesen sind.

Seit diesem Unfall kann man sie wenigstens von den anderen No-Names im TV unterscheiden!

2

DER GERODETE VENUSHÜGEL
oder
Die Retro-Muschi

Ja, es geht weiter mit dem Dilemma ums Haar. Denn neuerdings dürfen wir ja keine mehr haben. Zivilisation, Hochglanzmagazine und Pornographie haben unsere ästhetischen Ansprüche so konditioniert, dass sich Stars aus dem Vaginalbusiness bereits zum Arschloch-Bleaching bekennen. Wer IN ist, trimmt seinen Anus auf apricot. Das gehört zum kleinen Einmaleins jeder Vorstadtfriseuse, so wie einst in den fünfziger Jahren die peroxidgebleichte Hochsteckfrisur der Stolz einer sexy Telefonistin im Bleistiftrock war.

Behaarte Intimzonen gibt es nur noch bei Proleten. Brazilian Waxing gehört zum Feintuning jeder gepflegten Frau ebenso wie der regelmäßige Besuch im Nagelstudio und die French-Gelpediküre.

Dass mein Rasierer eines Tages für mich zur Grundausrüstung wie die Zahnbürste gehören würde, hätte ich mir als Kind auch nicht träumen lassen.

Das Elend begann, als ich mit circa vierzehn Jahren aus der Dusche kam, wie Cleopatra ein Handtuch fest um Kopf und Leib geschlungen, und mich am Samstagabend vor unserem Schwarzweißfernseher bei Oma auf dem Sofa einkuschelte, um mich bei Vollkornschnittchen mit Bananenscheiben zum Agatha-Christie-Thriller zu gruseln. Gerade als Miss Marple das erste Mal den Unterkiefer nach vorne schiebt und ihr Cape über die linke Schulter wirft, schallt eine Stimme aus dem Hintergrund: »… Oooohhh, was haben wir denn da? Du musst aufpassen, wenn du dich hinsetzt, da blitzt ein kleines Schamhaar vor.« Es ist meine Großmutter, die ungerührt in Käse und Cracker beißt und mir eine heiße Schokolade serviert, während für mich der Fernsehabend beendet ist, bevor Mr Stringer überhaupt auftreten konnte.

Die Inhalte meiner Unterhose waren für mich bis dato Niemandsland.

»Da«, sagt Großmama und zeigt auf das Schamhaar, »das ist ein Schamhaar. Und deine schönen weißen Beine sind ja auch voll mit blonden Härchen. Du wirst erwachsen, bald wirst du eine junge Dame sein!«

»Guck«, sage ich und ziehe das Handtuch runter, »guck mal da, Margaret Rutherford, die scharfsinnige Amateurdetektivin!«, während ich mit meiner Honig-Bananenschnitte auf Vollkorn auf den Bildschirm zeige.

Am nächsten Tag schon beschließe ich, den Dingen Einhalt zu gebieten, bevor sie aus dem Ruder laufen. Aus einer Familie kommend, in der es bereits ein Skandal war, wenn ich zu Hause ohne Hausschuhe herumlief, war es bis zu diesem Zeitpunkt definitiv das verwegenste Abenteuer für mich, in eine Drogerie zu gehen, um mir heimlich Einwegrasierer zu besorgen. Das war geradezu ein Komplott gegen Mutter Natur. Ich fühlte mich wie eine Rebellin, die gefährliche Waffen unter ihrem Bett versteckt hielt, um in Kürze zu einer Geheimoperation anzusetzen.

Meine ersten Körperhaare wurden bereits in der Frühphase ausgemerzt und hatten gar nicht erst die Chance, sich zu gelockter Adoleszenz zu kräuseln.

Natürlich erinnern mich noch heute Narben am Schienbein an meine ersten missglückten Versuche beim Ausprobieren, in welche Richtung man mit der Rasierklinge hantiert. Im Bad verbarrikadiert, schneide ich mich in Knie und Oberschenkel und stelle mit Verwunderung fest, wie lang meine Beine sind und wie viel Quadratmeter Fläche meiner gesamten Körperhaut sie ausmachen. Und ich blute wie ein Schwein! Das Wasser färbt sich rosé. Nach circa sechs Stunden ist das Problem beseitigt, die Schnitte verklebt und meine samtige Welt wieder aalglatt. Wir schreiben das Jahr 1974.

Es ist mir vollkommen klar, warum der Akt der Enthaarung zu den Initiationsriten jeder Frau gehört: Körperbehaarung vertreibt uns deshalb aus dem Paradies der Kindheit, weil wir plötzlich unseren eigenen Vorstadt-Rasen mähen müssen. Haare sprießen auf einmal ungefragt. Das ist ein Weckruf, der die Pubertät gnadenlos einläutet. Schamhaare hat keiner von uns je bestellt. Sie wachsen an Stellen, die in keinem Biologiebuch der Welt verzeichnet sind. Der Lieferservice verschafft sich ungebeten Zutritt zu unserer Intimzone.

Haare zwingen Frauen zu folgenreichen Entscheidungen. Entscheidungen, welche die intimsten Regionen betreffen. Da war ja noch keiner. Und plötzlich sät sich da eine stoppelige Rasenrabatte aus.

Entscheidungen senden Signale an uns selbst. An die Welt. Selbständige Entscheidungen verraten uns, wer wir sein wollen und wer wir sind. Mami wird uns nämlich nicht rasieren. Das müssen wir schon selber erledigen, wenn wir nicht an den wilden Wucherungen im Unterholz unseres eigenen Dschungels zugrunde gehen wollen. Wer Kontrolle behalten will, ergreift Maßnahmen. Die Alternative wäre schlichtweg, sich einer animalischen Macht zu unterwerfen, die am oberen Ende unserer Beine als unbekannte Größe lauert.

Noch ahnen wir nicht, dass uns die Beseitigung unserer Körperbehaarung an den falschen Stellen nie wieder loslassen wird. Dass sie zu einer zeitkonsumierenden, lebenslänglichen Beschäftigung ausarten wird. Dass sie ein Energiefresser werden wird, der an unserem Portemonnaie nagt. Dass wir wieder Rabattmarken kleben werden und alte Plastikflaschen horten, um den ein oder anderen Euro für ein Labor zusammenzukratzen, welches sich »Wax in the City« nennt.

Während man sich als Teenie an den Henkelkorb bei Rossmann klammert, setzen die endlosen Reihen von Enthaarungscremes, Intimrasierern und Epilatoren ein eindeutiges Signal: Entscheide, wer du sein willst! Haare an den falschen Stellen manövrieren dich ins OUT. Du wirst zur No-go-Area, wenn du deinen Busch nicht im Zaum hältst. Denn was im Baumwollschlüpfer seinen Anfang nahm, wird sich wie schleichendes Moos über Oberschenkel, Schienbeine, Unterarme und Achseln erstrecken und direkt über dein Gesicht und das deines Sitznachbarn wuchern.

Jetzt treten wir in einem Feldzug gegen die eigenen Körperhaare an, in dessen Verlauf wir immer neue Geschütze auffahren. Ein Zyklus furioser Planung gegen das Management unerwünschter Verpelzung wird unser gesamtes Leben als Frau wie eine innere Uhr, wie der Wechsel der Gezeiten begleiten. Ebbe und Flut, Ebbe und Flut. Es sind die Körperhaare, die unseren Alltag unmerklich in ewig wiederkehrende Rhythmen unterteilen. Welch eine evolutionäre Ungerechtigkeit. Ein Mann sagt sich vielleicht einmal in der Woche: »Morgen gehe ich auf eine Party, da werde ich mir mal besser die Barthaare wegschmirgeln, bevor ich mich unter die Kumpels begebe.«

Als Frau braucht man heutzutage nicht nur den Periodenkalender, hundert PIN-Nummern und x Geheimcodes, sondern auch noch ein ausgeklügeltes, logistisches Zeitmanagement, um als makellose Nacktschnecke daherzukommen.

Wenn ich an einem Freitag eine Einladung in eine TV-Show habe, dann muss ich bereits am Dienstag die Beine waxen, um ab Mittwoch mit Selbstbräuner den Teint meiner Schienbeine aufzubauen, damit ich sie am Freitag bei Markus Lanz telegen goldbraun und samtglatt übereinanderschlagen kann. Sonst sagen alle wieder: »Guck dir die Alte an!«

Gut, eine Angela Merkel umschifft das alles geschickt durch ein Leben im Hosenanzug, aber Showbusiness ist nicht Politik. Jedenfalls wäre es ein grober Anfängerfehler, die Beine für eine Freitag-Talkshow erst am Mittwoch zu waxen. Weil man zwischen Enthaarung und Sprühstrumpf vierundzwanzig Stunden Ruhephase einlegen muss, da ansonsten die Poren offen- und die Haarfollikel bloßliegen, was im Zusammenspiel mit der chemischen Reaktion von Selbstbräuner das Hautkrebsrisiko maximiert.

Wenn eine blauäugige, unschuldige Dilettantin sich also die Beine in der Wanne rasiert, um sie gleich anschließend mit Selbstbräuner einzucremen, wird sich die Chemikalie in jede einzelne offene Pore einnisten und diese zu einem braunen Fleck werden lassen, so dass die Beine aussehen wie mit karottenfarbenen Sommersprossen übersät und man sie bestenfalls für das Cover des *MAD*-Magazin verwenden kann. Als Unterbau für den rothaarigen Freak mit der Zahnlücke, der weltweit sommersprossig debil vom Titel dieses Witzblattes grinst.

Wenn ich also meinen Termin im Waxing-Studio plane, muss dieser logistisch zwei Tage vor dem Wimpernfärben und meinem Besuch im Augenbrauendesign-Studio erfolgen, da meine Augenbrauen schneller wachsen als die Beinhaare. Deshalb beinhaltet meine sorgfältig ausgeklügelte Beauty-wartung, mir die Augenbrauen von einer indischen Einwande-rin sehr präzise und schmerzhaft mit der Bindfadenmethode alle vier Wochen trimmen zu lassen. Sie knotet mit flinken Fingern zwei Baumwollfäden in einer Art Schmetterlingsschlaufe zusammen und ergreift ruckartig damit ganze Straßenzüge von aus der Reihe sprießenden Haaren, die samt Wurzel ausgerissen werden.

Bis zur TV-Show strebe ich minimalen Nachwuchs auf allen Ebenen an. Man kann im Fernsehen nicht mit Haaren an den falschen Stellen antreten. Damit hätte man in Windeseile den Ruf eines stockbesoffenen Piloten. Eines bekoksten Chirurgen. Eines blinden Kapitäns.

Mein Mitgefühl gehört den zahllosen brünetten Kolleginnen, die sich regelmäßig ihren Damenbart entfernen müssen, damit sie im ungünstigen Studiolicht um die Oberlippe nicht so schattig aussehen wie Adolf Hitler.

Die Intensität der Körperbehaarung verschiebt sich bei sinkendem Östrogenspiegel nämlich dramatisch, und eine Politmoderatorin wird ab vierzig feststellen, dass bei gewissen Einfallswinkel des HD-Studiolichtes sogar bräunliche Barthaarschatten auf den Wangenknochen, von denen sie selbst nichts ahnte, einem Millionenpublikum präsentiert werden. Moderatorinnen, die auf die Wechseljahre zugehen, greifen fast alle heimlich zum dicken Rasierpinsel – aus Angst vor den verpönten Bartschatten!

Nicht selten sprießen die drahtigen Männerhaare dann

auch widerborstig auf Brustwarzen, Kinn, großen Zehen, so dass besagte Politmoderatorinnen vier Stunden die Maske blockieren, bevor sie zu einem Statement bereit sind. Zunächst gilt es, das unerwünschte Körperhaar nach Dringlichkeitsfaktor in sichtbare und unsichtbare Kategorien zu selektieren. Eine offene Riemchensandale kann auf die Schnelle schon mal gegen einen trittfesten Pumps eingetauscht werden, wie auch unter so manchem Glitzerhängerchen eine nicht gerodete Bikinizone vermutet werden muss. Wer beim Schienbein im Rückstand ist, rettet sich in die beliebten Overknees.

Stiefel sind der beste Kamerad von Studioschlampen, die mit ihrem Beautyregiment den Enthaarungsmaßnahmen nicht mehr hinterherkommen.

Richtig ins Schleudern aber kommt man, wenn man die professionell präsentierten Regionen zeitgleich mit dem Feintuning des Intimbereiches koordinieren muss, weil beispielsweise NACH der großen Show ein romantisches Date ansteht. Wer nicht geschafft hat, nebenher noch Zeit für eine Session bei »Wax in the City« unterzubringen, um mit brasilianischem Kahlschlag anzutreten, der muss das Stelldichein so steuern, dass es betrunken und im Dunkeln stattfindet, was dann aber ein böses Erwachen am nächsten Morgen nach sich zieht, wenn der Unterhaltungschef vom Fernsehsender zum Prä-Frühstücks-Quickie ansetzt.

Dies alles belastet natürlich das Portemonnaie einer sparsamen Hausfrau, und wer rechnen muss, kommt in Schwulitäten: Ob man sich nun im Enthaarungsstudio hochtunen lässt, wenn man knapp bei Kasse ist, und riskiert, dass es vielleicht umsonst war, weil es nie einer zu sehen bekommt und die Nummer mit dem Chef nicht zustande kam, so dass man sich glattrasiert und ungevögelt ein Taxi nach Hause nimmt ... – ärgern wird man sich über das gesprengte Haushaltsbudget, das heutzutage durch eine aufgestylte Muschi verursacht wird, auf jeden Fall. Dies alles sind Instandhaltungskosten, von denen früher keiner etwas ahnte.

Gut, man kann mit ein wenig Raffinesse und Schlauheit vielleicht alles auf eine Karte setzen, das volle Programm riskieren und frisch gevögelt den Bus nach Hause nehmen – das wäre dann die All-inclusive-Variante. Das Heldinnenprogramm! Eine Investition in die Möse, die sich monetär amortisiert. Mit 19 Prozent absetzbarer Mehrwertsteuer!

Doch damit nicht genug: Eine optimal gewartete Vagina steht nach einem brasilianischen Treatment auch nicht gleich zur Verfügung, denn wer richtig Spaß haben will, muss abwarten, bis Rötungen und Reizungen als Folge der Heißwachsbehandlung abgeklungen sind. All diese unberechenbaren Faktoren korrekt ins Time-Management für die eigene Bikinizone zu integrieren stellt eine permanente wirtschaftliche und emotionale Belastung für uns Frauen dar. Die Vagina droht mehr und mehr in den Mittelpunkt unseres Alltags zu rücken. Zweimal im Jahr der Check-up beim Gynäkologen zur Vorsorge und dann und wann die Aufforstung der Scheidenflora bei stressbedingtem Hefepilzbefall oder Chlamydien. Wer noch menstruiert und Tampons hortet, vielleicht gar per Temperaturmethode mit dem Knaus-Ogino-Computer verhütet und sich frühmorgens erst mal vaginal an den Laptop anschließt, der muss die Karriere an den Nagel hängen, weil sein Lebensmittelpunkt die eigene Muschi geworden ist. Ich kenne solche Frauen. Sie sind Wracks, Mutter und Nervenbündel zugleich, weil sie nebenher noch Orgasmen simulieren müssen. Da fasst man keinen klaren Gedanken mehr und greift als Nächstes zu den Tranquilizern.

Doch auch als materiell unabhängige Karrierefrau hat man nichts mehr zu lachen, denn es baut sich durch den ganzen Vaginalstress eine Erwartungshaltung wie beim Bingo auf. Wer nämlich monetär, zeitlich und emotional so viel ins Waxing und die Instandsetzung des Intimbereiches investiert, der wird irgendwann natürlich auf Profite dieser Region spekulieren. Kein Wunder, dass viele Frauen überfordert sind und den Wildwuchs resigniert sich selbst überlassen.

Ich weise darauf hin, dass all diese Maßnahmen nicht etwa ergriffen werden, um sich über Mitstreiterinnen und die Konkurrenz zu erheben oder das Once-in-a-lifetime-Million-Dollar-Fotoshooting im Stringtanga zu absolvieren. Wir präparieren uns nicht etwa für Probeaufnahmen am Strand als *Playboy*-Cover des Jahres, nein, all der energetische Input dient nicht mal dazu, Arbeit als Körperdouble von Pamela Anderson zu finden.

Sondern das alles findet heutzutage lediglich statt, um als normal mithalten zu können, um Normalität walten zu lassen, wenn man im Rennen bleiben will. Im Rennen mit normalen, gepflegten Beinen, einem rasierten Gesicht und einer Muschi, die man selbstbewusst und stolz vorweisen kann.

Das neue Schwarz ist die Visitenkarte in unserer Unterhose.

Bei all dem Dilemma um das Entfernen unserer Haare gerät unser Intimbereich zu einer politisch verfolgten Region. Denn das handtellergroße Areal positioniert uns psychosozial – noch VOR ehelichem Status oder Einkommensklasse. Hier hat ein Erdrutsch stattgefunden. Als ich in den Zwanzigern war, bildete der getrimmte Pelz im Intimbereich so ziemlich das Schlusslicht auf der Liste der Dinge, um die man sich Sorgen machte.

Die Bikinizone mit dem Rasierer zu bearbeiten galt in den Achtzigern als bizarrer, martialischer Fetisch – die tägliche Routine von Pornodarstellern allenfalls. Bis die Industrie mit Kylie Minogue und Madonna den Stringtanga mit blitzeblanker Kinder-Bikinizone zum Standard erhob. Milliarden von Usern wurde deutlichst vermittelt: Leute, PELZ ist definitiv out! Und ihr seid es auch, wenn die goldenen Hot Pants bis unter die Arschbacke gehen und dort irgendwo jemals ein schwarzes Schamhaar hervorlugt. Ihr müsst weichgespült, jungfräulich, sauber und untenrum unbefleckt sein. Hätte man bei einem einzigen Musikvideo jemals ein sich kräuselndes, dunkles Schamhaar gesehen, wäre das der letzte noch mögliche Skandal der Pop-Branche gewesen: Lady Gaga nicht frisch, sondern mit Bartstoppeln im Schritt? Stattdessen wird eine *high maintenance* gelackte, sandgestrahlte Luxusklassenmuschi in die Kamera gehalten. Seitdem ist die Jugend im Zeitalter des radikalen Kahlschlags angekommen: Für alle, die da nicht mithalten wollen, bleibt nur noch der Bulldozer, um eine Lichtung ins Dickicht zu schlagen. Wer heute noch zu seinem natürlichen Busch steht, ist ein wunderlicher Vaginalretro. Der ungezähmte, wilde Urwald unserer Jugend wurde zur leeren Steppe. Kein Wildlife weit und breit. Ausgestorbene Regionen ohne Leben.

Die gepflegten Frauen von morgen gehen sowohl zum Zähnebleichen als auch ins Nagelstudio und zum Waxing. Die Debatte ist beendet, und die Opponenten ziehen sich in kleinen, sonderbaren Gruppierungen am Rande der Gesellschaft in ihr Nudistencamp zurück. Sie bilden die Untergruppe einer Minderheit und werden bestenfalls geduldet, solange sie an der Ostsee in der Hängematte liegen und versonnen unterm Sternenhimmel ihr eigenes Dickicht kraulen. Jeder attraktive Dreißigjährige würde sich angewidert abwenden und die Hüter der Retro-Muschis als Patienten mit Selbstversorgungsdefiziten einstufen, die man vor sich selber schützen muss.

Ja, die Dinge haben sich schleichend geändert im Genitalbereich und es ist einfach so passiert. Untenrum sieht alles anders aus. Niemand hat damit gerechnet. Es ist die totale Bankrotterklärung für die gesamte Frauenbewegung.

Am Anfang des 21. Jahrhunderts – so wird eines Tages in den archäologischen Instituten dokumentiert sein – galten Frauen als unsauber und verwahrlost, wenn sie den Genitalbereich sich selbst und der Natur überließen.

Junge Männer sind inzwischen darauf konditioniert, nichts anderes mehr zu dulden als eine saubere brasilianische Strichführung in der unteren Etage. Wobei Insider wissen, dass der brasilianische Look auch nicht mehr wirklich IN ist. Wer Trendsetter im Vaginalbusiness sein will, der ist schon beim Sizilianer angekommen: ein sizilianisch anmutender, kartographischer Formschnitt wie bei einer ordentlich gestutzten Eibenhecke. Aber warum bitte die Umrisse Siziliens zwischen den Beinen tragen? Weil dort die Mafia beheimatet ist, oder was? Versteckt sich der Godfather in meinem feuchten Schritt?

Die Kosten, die wir für den Erhalt unserer Bikinizone zu tragen haben, kommen einer vaginalen Umlage gleich, in der versteckte Gebühren ohne Ende schlummern. Es ist wie ein Wucherkredit. Diese Summen sollten wir lieber in Rotwein und guten Käse oder die öffentlich zugänglichen Bereiche unseres Körpers stecken, anstatt eine Nacktschnecke zu kultivieren, die aussieht wie eine in Cellophan verpackte, glänzende Hühnerbrust im Lidl-Tiefkühl-Regal.

Meinen Lebensabend werde ich wohl damit verbringen müssen, im Fachbereich Soziologie zu promovieren – und zwar mit einer Dissertation zum naheliegenden Thema: »Der gerodete Venushügel – warum fühlen sich Frauen zu Beginn des 21. Jahrhunderts aufgerufen, ihre Schambehaarung zu eliminieren? Warum steht die moderne Frau nicht zu ihrem Busch?«

Ich weiß die Antwort auch ohne Hochschulstudium: Seit 1988 gab es in der Geschichte der Pornoindustrie nur noch die Totalrasur. Behaarte Pornofilme wurden zu Beginn der achtziger Jahre aus der machtübergreifenden Industrie des »Silicon Valleys« verbannt. Ohne pelziges Dreieck ergeben penetrative Einstellungen lichttechnisch optimalere Szenen. Was vorher als mystisch-geheimnisvolle Pforte im Dunkeln blieb, also stets sein letztes Geheimnis bewahrte, wurde im Spotlicht als feucht glitzernde Lustgrotte inszeniert – den Konsumenten roséfarben und glitschig anlächelnd wie das gute, alte Barbie-Puppen-Traumhaus. Und dazu wurden die Keilabsätze aus Acryl in die Luft gehoben. So wurde die pinkfarbene Pussi Standard und erschöpfte sich bald. Auf zum nächsten Extrem: Man lud international zum Analsex und zum Sandwichfick ein, das ist ja wohl das Mindeste, was Mutti draufhaben muss, damit der Alte nicht in Thailand fremdgeht ...

... was für eine anstrengende, extreme Aktion, das Ganze! Und ich spreche hier von einer Dekade der Pornoindustrie, die inzwischen auch ins Antiquariat gehört, denn diese Entwicklung fand bereits vor dreißig Jahren statt. Die Zeit, in der extreme Analshots mit gepiercten und tätowierten Titten als bizarr galten, liegt so weit zurück, dass die Protagonistinnen dieser Phase schon Omas sind! Hollywood-Total-Waxing ist industrieller Beautystandard geworden. Die Debatte ist entschieden.

Eine gigantische Milliarden-Dollar-Industrie hat damit den Handel ums Menschenhaar möglich gemacht: Entweder unechte Pferdeschwänze aus Kambodscha bleichen und sie als Extensions einnähen lassen, oder mit Brazilians und Sicilians sich die Schambehaarung zur Stechpalme ausrasieren lassen. Bloß bitte keine Natur! Und die Jugend klärt sich über Pornographie am Laptop inzwischen selbst auf. Das, was als bizarre Bückware über den Ladentisch geschoben wird, erscheint unseren Kindern als Alltagssex. Hardcore-Pornographie steht im Sexualkundeunterricht an erster Stelle in der westlichen Welt. Teenager lernen von ihrem iPhone, was sie vom anderen Geschlecht zu erwarten haben und womit sie rechnen müssen, wenn sie sich gegenseitig entkleiden.

Als Resultat dieser abnormen Entwicklung wird jeder männliche Teenager von seiner frisch geduschten Freundin eine aromatherapeutisch getunte und gewaxte Mumu erwarten, und jedes gepflegte junge Mädchen wird durch diese Vorgaben terrorisiert und – aus Angst vor Zurückweisung der ersten Liebe – schnellstens vorm Date einen Termin im Waxing-Studio ihres Vertrauens anberaumen.

Schamhaare zwischen den Schneidezähnen sind ein Relikt aus Opas Mottenkiste. Das hippe Lifestyle-Kid aus California, das mit Pamela Anderson als Vorlage aufgewachsen ist, wird sich ekeln, wenn ein brauner Busch sich seinen Weg vom Popo über die Leistengegend bahnt. Bei diesem Anblick assoziieren Jugendliche ja eher die Katastrophenbilder der letzten schlammigen Überschwemmung im Oderbruch.

Meine Kosmetikerin hat mir anvertraut, dass sie dreizehn-jährige Full-Wax-Kundinnen hat, die sich an ihren in etwa gleichaltrigen Brüdern orientieren und daher wissen, dass diese Buben sich entsetzt abwenden, wenn sie im Schamber-eich der Freundin auf einen stoppeligen Dreitagebart stoßen. Eine ganze Generation wird vermutlich schreiend davon-laufen, wenn die Ehe vollzogen werden soll und ein Bräuti-gam in der Hochzeitsnacht unterm Brautkleid auf einen lang-haarig gestriegelten Yorkshireterrier stößt.

Abgesehen von den psychosozialen Deformationen, die diese Entwicklung nach sich zieht, macht es mich traurig, dass dreizehnjährige Mädchen ihr Sparschwein schlachten, um sich ihre Muschi abzuschmirgeln. Das Geld sollte man doch eher für Taschenbücher, KitKats, Eiscreme, Popcorn und Kino ausgeben. Oder für ein Ryanair-Ticket, mit dem man einen Sommer lang so weit wie möglich auf eigene Faust von zu Hause wegkommt, um eine neue Sprache und andere Kulturen kennenzulernen. Tragt eure behaarten Muschis lie-ber nach Edinburgh zum Festival und lernt den Dudelsack zu pfeifen, das wäre zum Beispiel ein Kulturschock, der schon um die Ecke auf euch wartet. Man muss ja nicht gleich nach Bangkok fliegen, um zu erleben, wie Gogo-Tänzerinnen Ping-Pong-Bälle aus ihrer rasierten Muschi quer durchs Lo-kal abschießen.

Oder bucht einen Billigflug nach Finnland, um den Weih-nachtsmann im Sommer zu besuchen und den Zauber der Aurora Borealis – das Flimmern der Nordlichter in wildem Tanze aller Regenbogenfarben – am Firmament zu erleben. Im Laufe eures Lebens werdet ihr genug Geld ansparen, wenn ihr dem Waxing-Labor den Mittelfinger zeigt und mit einem Einwegrasierer grade mal die Rasenkanten in der Bikinizone sauber getrimmt haltet. Es gibt jede Menge Mösen da draußen, die quasi als barbusige Stripperin daherkommen und folglich einen feuchten Sitzfleck hinterlassen, wenn sie ihre glitschige Spalte auf einem Barhocker platziert haben. Und aus lauter Sorge um ihre hypergestylte, futuristisch-minimalistische Möse vergessen sie dabei ganz die Pflege ihres Hitlerbärtchens.

Ich selber stehe in der Intimzone auf alte Schule: eine sauber gewartete Garage, deren Einfahrt niemals blockiert ist, mühelosen Zugang gewährt, die aber auf jegliche Form von Anschlusskosten oder Sanierungsmaßnahmen verzichtet. Eine Muschi muss gratis bleiben – genau wie Facebook.

Die Idee, dass eine dreizehnjährige Jungfrau sich vom Taschengeld den Venushügel roden lässt, ist so absurd wie die Vorstellung, dass Neil Armstrong im Orbit Aftershave benutzt, bevor er den ersten Schritt auf den Mond setzt.

Diese egomanen Aktionen gelten einem imaginären Publikum.

Im Übrigen kenne ich sogar Kolleginnen, die mit einem Moustache besser aussehen als ohne. »Steht dir gut, der Damenbart«, sagte ich erst neulich wieder zu Charlotte Roche.

Es kommt halt immer darauf an, dass die Haare an der richtigen Stelle sitzen. Und die bestimmen wir. Ich für meinen Teil favorisiere sie auf meinen Zähnen.

3

SUB SIZE ZERO
oder
Die Lügen der Promi-Diäten!

Okay – es gab Jahre, in denen ich sehr, sehr dünn war. Es muss gegen Ende des vorigen Jahrhunderts gewesen sein. Und natürlich als ich an der Deutschen Oper Berlin tanzte. Da trug ich Cordhosen in Größe 34 und habe mich für mein breites Becken geschämt, weil es nicht schmaler aussah als meine Oberschenkel. Wenn ich nach dem Training nach Hause schwebte, freute ich mich auf meine Tupperdose mit Gurkenscheiben als erfrischendes Lunch-Package. Das war mein gefühltes Sandwich. Ich habe nur den Belag und das Brot weggelassen und dazu einen »riiiieeesig großen« Apfel gegessen.

Ich habe die ganze Zeit gefroren. Mir war damals immer kalt, aber das glich sich beim Training durchs Schwitzen wieder aus, so dass ich mich eigentlich nur wohl fühlte, wenn ich tanzte, also arbeitete.

Ich hatte damals sehr viel mehr Zeit als heute, schon deswegen, weil ich nicht aß. Ich musste nicht einkaufen gehen, bereitete kaum Essen zu und hatte keine Küche aufzuräumen oder gar den Tisch zu decken. Ich hatte aber auch kein Kind. Dadurch änderte sich bei mir alles. Rappeldürr zu sein und immer noch unzufrieden mit dem eigenen Körper zu hadern, das sollte jeder mal als Phase durchleben. Sich beim Schlafen nachts ein Kissen zwischen die Knie zu klemmen, damit die Knochen nicht klappern, wenn man sich umdreht, bleibt in Erinnerung wie der erste Kurzhaarschnitt oder der erste weiße Hai, der einem beim Tauchen begegnet.

Natürlich hatte ich als Spargeljane keine Brüste. Die habe ich mir jetzt angefressen. Denn nachdem ich Mutter wurde, änderten sich meine Erfahrungen massiv: Ich würde jetzt schon mal nach einem Restaurantessen anschließend noch bei Dunkin' Donuts vorbeigehen und mir »fürs Wochenende« eine bunte Palette zusammenstellen, wovon ich drei leckere, glasierte Heferinge noch am gleichen Tag vorm Fernseher verputzen würde.

In den dunkelsten Perioden meiner Figurkarriere trug ich übrigens lockere Overalls und Birkenstockschuhe – also eigentlich Schwangerschaftsmode. Einmal bügelte ich in Unterwäsche meine T-Shirts und streifte dabei tatsächlich mit dem heißen Eisen meinen vorstehenden Bauch, so dass ich heute noch eine Narbe am Nabel habe. Die rührt von der Hauswirtschaft als fettes Schwein. Mal eine Weile mopsig zu sein und andere Prioritäten zu setzen, als einen Superbody zu haben, halte ich für ausgesprochen bewusstseinserweiternd.

Irgendwie bleiben bei jeder Diät ja auch Hirnzellen auf der Strecke.

Meine Rolle als das Pin-up denkender Frauen meiner Generation gefällt mir wesentlich besser als das überlegene Siegesgefühl, welches ich hatte, sobald jemand zu mir als Tänzerin sagte: »Dünner darfst du aber nicht mehr werden!«

Heute kann man nicht dünn genug sein. Magersüchtige

Mütter gebären halbverhungerte kleine Kinder, die sich zu anorektischen Töchtern entwickeln, um dann mit der Mutti die Klamotten zu tauschen.

Das Thema »Celebrity Weight Loss« bringt bei Google mehr Einträge hervor als das Stichwort »potentieller nuklearer Holocaust«.

Also Hauptsache, wir beobachten voller Gier und Lust, wie die Promis, Möchtegernpromis und Promis, deren Namen keiner kennt, um die gute Figur ringen und dabei siegen! Gut, ich war nie so dick, dass ich im Pelzmantel nicht mehr durchs Drehkreuz vom Zoologischen Garten gekommen wäre und mich in irgendeiner Weise für einen Werbevertrag mit Weight Watchers qualifiziert hätte – so wie Bärbel Schäfer alias Kati Witt, Christine Neubauer, Cassandra Steen, Andrea Göpel, Gerlinde Jänicke, Tim Raue oder Oli Kahn. Aber ich kenne stattdessen jede Menge fette Promis, die in den Gazetten erstaunlicherweise schlank erscheinen! Das bizarrste Phänomen ist dabei Jette Joop. Da stimmt nichts an der Figur: verbaut, schiech, unelegant und klobig – aber fotogen und immer richtig in Szene gesetzt. Man erkennt sie gar nicht, wenn man ihr im realen Leben begegnet. Auch die Beine sind irgendwie falsch eingehängt, wodurch sich bei schlechter Haltung ein behäbig-plumper statt grazilier Gang ergibt. Aber das sieht auf einem Schnappschuss ja keiner. Attraktivität wird hier mustergültig medial vorgegaukelt!

Photoshop allein entscheidet heutzutage über öffentliche Abnehmerfolge. Mit einem Mausklick sind zehn Kilogramm runter und die Erwachsenenakne ausradiert.

Fest steht nur eins: Proportional zur Prominenz steigt das Maß der Lügen über die Diäterfolge.

Wenn Jette Joop sagt, sie habe zwanzig Kilo abgenommen,

weil sie auf Gummibärchen verzichtet und ein bisschen mehr Salat gegessen hat, wird das Thema im selben Atemzug auch gleich bagatellisiert. Barbara Schöneberger und Christine Neubauer promoten sich ja auch werbewirksam als »vollschlanke, heftige, weibliche« Frauen – und wenn man ihnen begegnet, stellt man fest, dass sie gerade mal normaler Durchschnitt sind. Weit entfernt davon, dick zu sein! Aber die Tatsache, dass da überhaupt Busen, Hüften und Formen sind, wird schon als »Problemzone« vermarktet. Die tragen eine 38 und sind schlanke, normale Frauen. Genau wie Bärbel Schäfer. Weight Watchers führt Protagonistinnen vor, die überhaupt keine Diät nötig haben. Die Schmach und Schande dieser Testimonials besteht lediglich darin, dass sie nicht in eine 36 und die Musterteile vom Laufsteg passen.

Klar ist man fett als Frau mit normaler Figur – wenn man sich auf dem roten Teppich neben magersüchtigen 45-kg-Hungerhaken oder Miniaturkindfrauen wie Sylvie van der Vaart ablichten lässt, wird man automatisch zur Walküre.

Jede normale, schlanke deutsche Frau verwandelt sich neben einer Victoria Beckham oder einer Kate Middleton in eine deutsche Rheintochter. Figur ist immer eine Frage der Perspektive. Und selbst die hyperschlanke Heidi gilt unter den echten Topmodels als »gut beleibt«.

Hatte man sich vor wenigen Jahren noch über Kindfrauen in Superskinny-Röhrenjeans der Größe 00 mokiert, so müssen sich infantile Magermodels heute schon in die SUB SIZE ZERO zwängen, um der Kollegin in Größe 36 ein Schnippchen zu schlagen. Und darum geht's ja. Denn von Figur kann ja keine Rede sein, wenn man sich einfach runterhungert und spitze, krumme Knie und kantige Ellbogen die Silhouette ausmachen.

Was früher schlanke Arme waren, sind heute Standardmaße für die Beine.

Dass aber die Diäterfolge dieser Promi-Skelette darauf beruhen, dass sie jeden Morgen um acht Uhr auf der Tretmühle zehn Kilometer bergauf rennen, auf ihrem iPod »Strong enough« auf Repeat eingestellt haben und am Ende kotzend zusammenbrechen, weil ihnen der Schmerz die Arschbacken explodieren lässt, das erzählen sie keinem. Stattdessen schmeißen sie eine Handvoll Vitaminpillen ein und jagen sich die Rote Beete und Selleriestangen durch den Mixer, um zum Frühstück ihren »Smoothie« als Belohnung zu genießen. Wer so lebt, ist nach einer Woche gertenschlank.

Man muss sich quälen, um abzunehmen. Kein Fett, keine Kalorien, kein Brot, kein Zucker, viel Bewegung – so ist man nach einer Woche zwei Kilo los. Aber wir wollen ja genießen, fressen und trotzdem dünn sein. Da muss man eben Kompromisse finden. Trotzdem wird uns suggeriert, Diät sei ein Spaziergang – quasi ein Zuckerschlecken.

Woher kommt diese Verweigerungshaltung der Promis, zu den erbärmlichen Qualen freiwilliger, widernatürlicher Entsagung und des Verzichts auf jegliche Esskultur und Lebensqualität zu stehen?

Das Ziel ist nicht nur die Sub Size Zero, sondern die Diäterfolge auch noch mühelos aussehen zu lassen und alles beiläufig als »gute Gene« zu verkaufen. Ananas, Spargel und viel Wasser eben ... wohl damit man die Freizeit möglichst auf dem Klo verbringt, um allen Ballast abzuwerfen. Es sind absurde Heucheleien, mit denen sich die Diätpromis vermarkten, wenn es darum geht, die Laaangeweile, die Fruuustration, die entsagungsreiche Luuuustfeindlichkeit des Abnehmens zu verbergen. Da werden sie alle zu Profilügnern wie Spione des FBI: Niemand steht zur jüngsten Fettabsaugung, zur heimlichen Bauchdeckenstraffung oder Entfernung der Fettschürze. Keiner berichtet von dem Stretch-Korsett im Puppenformat, was wie ein orthopädischer Strumpf vier Wochen übergestreift werden muss und nur ein Sitzbad pro Woche erlaubt. Niemals wird darüber berichtet, dass die eingespritzte Nitratlösung nach dem Eingriff aus den abgesaugten Fettdepots ablaufen muss und die Drainage die ganze Matratze einsaut, während der Glamourstar unbeweglich – in Binden und Windeln verpackt – im Dämmerschlaf vor sich hin suppt.

Fürchten sich die Hungerikonen vor dem Spott? Haben sie Angst, wieder zuzunehmen, um dann zu hören:»Hahaha, zwanzig Kilo abgenommen und dann hat sie sich alles innerhalb einer Woche auf einer All-inclusive-Kreuzfahrt auf der *Aida* wieder angefressen!«

Warum muss so viel gelogen werden, wenn es um Abnehmerfolge und eine gute Figur geht?

Wo wir grade beim Thema Spott sind: Der Gipfel der Dämlichkeit und geistigen Schlichtheit sind ja wohl diese Facebook-Postings, in welchen die Möchtegernpromis sich selber mit ihren Diäterfolgen abfeiern. Dies ist die imperiale Phase des öffentlichen Lügengipfeltreffens aller grenzdebilen »Traumfrauen«:

Als da wären Einträge wie …

* der gepostete erste Fototermin nach der Entbindung, kommentiert mit dem Beitrag:
Mami sieht heeißßß aus! Hier bin ich auf meinem 1. Event in meinem Hérve Léger Bandagedress in Größe 36 nur 4 Wochen nach der Geburt!

Fragt sich nur, wie sie sich das 9-kg-Prachtbaby aus ihrem schmalen Geburtskanal rauspressen konnte? Woher kommt diese Panik, direkt nach der Entbindung gleich wieder eine Teeniefigur haben zu müssen? Kann es vielleicht die Angst sein, als Mutter nicht mehr attraktiv zu wirken? Oder drängt sich da etwa der Verdacht auf, nur als Objekt mit Arsch und Titten begehrt worden zu sein?

Wie, frage ich, wie, Mrs Heidi Klum, kann man nach vier Wochen wieder eine Figur wie VOR der Entbindung haben – wie bitte schön?

* Standardantwort O-Ton:
  »Ich bin so in Bewegung, um mich um das Baby zu kümmern ... Das Baby hält mich so auf Trab, dass die Pfunde ganz von selber runtergepurzelt sind!«

Was für eine schamlose fette Lüge! Denn wie kann es sein, dass man von einem Baby auf Trab gehalten wird, was nicht mal krabbeln kann, sondern den ganzen Tag in der Wiege liegt und schläft, wenn es nicht gerade trinkt oder scheißt.

Ich wurde im ersten halben Jahr nach der Geburt nicht etwa »auf Trab gehalten«, sondern hatte mit Koliken, Milchstau und schlaflosen Nächten zu kämpfen und habe mich höchstens mal bewegt, wenn ich die Fernbedienung suchte oder im Jogginganzug nachts zum Kühlschrank schlurfte. Gut, zum Handy zu greifen, ein Telefon zu halten und Fotos auf Facebook zu posten, mag ja auch Kalorien verbrennen, aber die innige Zeit der Mutter-Kind-Intimität in den ersten neun Monaten, diese geradezu madonnenhafte Intimität, scheint den »Supermamis« verhasst zu sein. Wie kann man sich damit brüsten, dass man bereits wieder schleppt, hetzt, auf Trab ist, rennt, Karriere macht, hin- und herjagt, wenn man stillt und gerade eben Mutter geworden ist? Ich hatte nicht mal ein Babyphone. Ich habe neben meinem Kind gelegen, gebetet und es als Geschenk der Liebe und Wunder Gottes angehimmelt, angesummt, angesungen und geschaukelt. Gesegnet mit allen guten Feen, obwohl ich mit ihm ganz allein war. Für mich sind Frauen, die sich ein paar Wochen nach der Entbindung stolz im Fußballkleid posten, weil gerade WM ist und man ja keine Spielverderberin sein will, alles irre Weiber. Sorry, aber nur maximale Defizite in der Persönlichkeitsstruktur führen zu solch egomanen Selbstpromotions im Allerweltsnetzwerk Facebook. Da hakt es garantiert wenig später auch an der Mutter-Kind-Beziehung, und in den Ferien muss dann mit einem SOS-Hilferuf die Nanny bestellt werden, weil die eigene Mutter »im Urlaub mit den Kindern überhaupt nicht klarkommt«.

Das sind die ehemaligen Partygirls, die Kinder bekommen haben und nun gar nicht fassen können, dass Kinder, um zu gedeihen, Ruhe, Zuwendung, Kontemplation, Stille, Aufmerksamkeit und einen kuscheligen Mikrokosmos brauchen. Was interessiert Kinder der Louboutin-Stiletto, die geile Party, das scharfe Outfit und die coolen Freunde im angesagten Club?

Und dass diese Mütter sich dann noch voller Stolz damit promoten, dass sie sofort wieder den Nuttenlook tragen können ... Sehen doch eh alle gleich aus mit ihren gemachten Brüsten in Hérve Léger und Louboutins. Das ist ja keine individuell elegante Mode, sondern das ist Escort-Uniformierung.

Dieser Facebook-Drang, sich als frisch gebackene Mutter sofort wieder sexy zeigen zu müssen und damit zu protzen, wie aktiv und agil und auf Trab man bereits wieder ist. Dabei wurden die ersten neun Monate nach der Entbindung von Mutter Natur als nichtmobile Phase konzipiert. Diese natürlich vorgesehene Immobilität hat zur Folge, dass die Industrie mit einer nicht unerheblichen Anzahl von Erfindungen das Bedürfnis nach Sesshaftigkeit sogar ausgeschlachtet hat. Als da wären: zahllose Babykörbe, Schaukeln, Wippen, Erlebnis-Slings und Entertainmentmatten, welcher der Trägheit und Bewegungslosigkeit einer jungen Mutter zuarbeiten. Es ist mir ein absolutes Mysterium, wie die jungen »Fußballerfrauenmütter«, die aussehen wie Pamela Anderson und die ihre Babys an Silikontitten stillen, in den ersten sechs Wochen nach der Entbindung sich auf ihre babybedingte körperliche Aktivität berufen können.

Man liegt doch eh nur rum, holt alle paar Stunden mal Luft, schaut sich die Fotos vom Baby an, beobachtet jede kleinste Regung, bettet um, zieht an der Spieluhr, strickt und summt im Schaukelstuhl vor sich hin.

Das sind dieselben Modelmütter à la Claudia Schiffer, die dann öffentlich sagen:»Ich habe so viel zu tun als Karrierefrau, dass ich gar nicht mehr zum Essen komme. Ich denke einfach nicht mehr dran! Ich vergesse zu essen …«

Na klar, es gibt ja auch bei Meetings, Fotoshootings, an Drehorten, PR-Events und Aftershowpartys nirgends etwas zu essen für Stars – da muss man ja auch vergessen zu essen, wenn man in der Medien/Entertainment/Modelwelt lebt und sich vornehmlich in Studios aufhält, in denen es für das gesamte Team weder Wasser noch Brot noch Catering gibt. Denn wenn man Superstar ist, bekommt man ja kein Catering. Weder die Platten mit Käse, Weintrauben und Crackern noch die obligatorischen Supersandwiches, geschweige denn

Chips, Croissants, Miniaturhamburger, massive Selektion an asiatischen Ananas-Huhn-Sticks in süß-sauer Sauce, noch eine Auswahl an dekorativ aufbereiteten russischen Eiern, Geflügelsalaten, Dips, Schokoladen-Biscuits und kitschig präsentierten »Cupcakes« neben taufrischen exotischen Obstkörben.

All das gibt es nicht für die Stars! Das wird nur vorm Studio an die Nobodys und Statisten von der Straße verteilt. Die VIPs kriegen nichts – und deshalb vergessen sie zu essen! Weil ja auch die Latte macchiatos und leckeren Chai Lattes nicht den Promis zugänglich gemacht werden. Wer unter solchen Bedingungen als Promi schuftet, muss automatisch »vergessen« zu essen.

Die Heidis, Claudias und Victorias gehen dann eben zum Waschbecken und hängen sich unter den Wasserhahn, wenn der Mund trocken und pelzig wird.

Und alle anderen am Set machen sowieso Low-carb-Diät, rauchen Kette und stehen an der frischen Luft, um ihren Freunden zu texten, mit was für neurotischen Zicken sie heute wieder zu kämpfen haben.

Es soll ja sogar Models geben, die essen überhaupt nie, sondern stecken ihre Nase einfach in den tiefen weißen Schnee, wenn der Hunger kommt. So bleibt man natürlich auch schlank, und vor allem bleibt man in Partylaune und verbreitet am Set »guuuuute Laune, gell Schatzi???!«.

* Und schließlich soll uns immer wieder diese Lüge aufgebunden werden:
»Ich war bei dieser Homöopathin und die hat festgestellt, worauf ich allergisch bin. Und seitdem ich keine Nüsse, Bananen, Käse, Eier, Laktose, Fleisch mehr esse, bin ich

ganz von selber schlank geworden. Ich mache nicht mal Diät und esse, was ich will! Das kommt von der Akupunktur.«

Leider erzählen die Tussen nicht, dass sie sich alle zwei Stunden eine Handvoll homöopathischer Kügelchen wie M&Ms einschmeißen müssen und neben Bachblütentherapie und Akupunktur dreimal in der Woche zur Klangschalensitzung hetzen, ihren Personal Trainer haben und sich Schwangerschaftshormone spritzen lassen, was dramatisch auf die Nieren geht. Aber man nimmt ab! Natürlich auch wegen der 500-Kalorien-Diät, die man nebenher noch macht. Man sollte nach Alaska ziehen. Dorthin, wo man niemals Fleisch zeigen müsste und sich unter gigantischen, wattierten Bettdeckenmänteln verstecken kann. Dort würde man wahrscheinlich Glück und Zufriedenheit finden. Wenn es schneit und regnet, lehrt uns doch Mutter Natur, wie wir uns am wohlsten fühlen: zu Hause bleiben, allein und ohne all die anderen, einfach mit einem heißen Tee, in unserem Pyjama, bei Kerzenlicht am knisternden Feuer und wissend, allen anderen geht es ganz genauso. Weil es stürmt und schneit. Innehalten ist die Antwort. Unser Hirn bleibt auf diese Weise trocken, geschützt, nüchtern und aufs Wesentlichste reduziert. Die Hütte in Finnland ist die Antwort! Und wer Langlauf macht, der wird lernen, von einer Speckschwarte zu träumen, während er in schöner Monotonie die Loipe im Auge behält. Ein Winter in Skandinavien, gefolgt von einem Sommer in Lateinamerika – dies ist der ewige Jungbrunnen für die Welt. Man muss dann eben nur die dumme Sache mit dem Arbeiten sein lassen und sich der Glücksfindung verschreiben. Dann klappt das auch mit der Modelfigur.

Denn ich kenne sogar blonde, gertenschlanke Schwedinnen, die an ihrer Speckschwarte lutschen, während andere »vergessen« zu essen.

Hört doch endlich auf mit diesen Lügenpostings. Essen ist Lebenskultur und Lebensfreude. Und wer Diät macht, verzichtet auf beides. Plus die Kalorien. Also wenn das das Leben sein soll, dann ziehe ich nach Alaska!

4

LATTE ALS LEBENSELIXIER
oder
Tasse für Tasse …

Während ich dieses Werk schreibe, nippe ich – wie stets beim Arbeiten – an meinem Iced White Caramel Coffee Mocha Grande. Ich lasse das Aroma der besten Kaffeebohnen der Welt auf meiner Zunge zergehen, schlürfe mit spitzem Mund die Schaumkrone ab, bis das lauwarme, mild aromatisierte, leicht zimtige Elixier in sanftem Strahl den Schlund entlangrinnt. So mache ich das immer im Sommer – im Winter genieße ich dann aus Respekt vor der Saison einen Skinny Lebkuchen Latte Tall mit Sahnehaube. Geil!

In dem Moment, wo mein Erlebnisweltkaffee versiegt, greife ich daheim zu meinem Blonde-Roast-Veranda Blend, nehme den großen Ceramic Travel Mug, drücke auf den Knopf meiner Profikaffeemaschine und kröne das Ganze mit dem Sirup der Caramel Drizzled Sauce. Die drei perfekten Kaffee Latte mit meinem individuellen Röstprofil haben bis jetzt an die 15 Euro gekostet. Früher hat man morgens eine Thermoskanne Kaffee aufgebrüht und sie bis zum Abend mit Milchmädchen-Kaffeesahne eingeteilt. Kostenpunkt: 90 Cent.

Nun ist alles anders. Denn ich bin modern. Ich weiß, was läuft.

So habe ich zum Beispiel gelernt, dass man sich glücklich trinken kann – Tasse für Tasse.

Wenn sonst nichts klappt, kann ich mich immer noch auf die Intensität ausgewogen vollmundiger Aromen meines Coffeeshops verlassen – egal, ob ich in Tokio oder in Sindelfingen bin.

Wer Kaffee trinkt, muss gleichzeitig online sein – dazu hat mich Starbucks auch erzogen. Seitdem ich Kaffeegenuss kennengelernt habe, der mich schweben lässt, sind meine Werke allesamt eigentlich Ausgeburten des Stoffes, mit dem ich mich gerade stimuliere. Gut, ich trinke auch Tee, aber keinen normalen. Der Tee muss zelebriert werden wie ein Ritual, mit Stövchen, Teeeiern, schönem Porzellan, Kandis und frischer Sahne. Aber gibt es ja auch alles bei Starbucks.

Solange ich an meine persönliche Kaffeetrinkhalle angeschlossen bin, gehöre ich zur großen Community, die mit jedem Schluck die Illusion einer weltweiten Gemeinde konsumiert. Hat meine Filiale geschlossen, muss ich mich mit meiner teuren Profimaschine begnügen. Wer sich erst eine romantische Landhausküche einbaut, um sich dann ein Profigerät für über 1000 Euro als Equipment zu beschaffen, um an eine Tasse Kaffee zu kommen, gehört zu jener Klientel, welche von den Koffeintankstellen, von denen die Generation unserer Eltern nicht die leiseste Ahnung hatte, angefixt wurde wie ein Junkie. Dazu gehöre ich. Ich habe vorher schon immer gerne Kaffee getrunken – aber seit mich Mr Howard Schultz, der Kaffee-König aus Brooklyn, verhext hat, bin ich koffeinabhängig.

Es hat alles mit einem Theaterengagement angefangen, wo

man mich in einer Wohnung deponierte, die kein Internet hatte. Aus diesem Grunde verbrachte ich monatelang meine Nachmittage in den total überteuerten Coffeeshops, bei denen man sich mit dem Laptop auf dem Knie betäuben kann und seinem Suchtpotential freien Lauf lässt. Mit schöner Regelmäßigkeit kippte ich mir dort vier Vanille aromatisierte Latte macchiato mit delikater Sahnehaube aufgemotzt hinter die Binde – wie Drinks an der Bar. Und nach meinem Strawberry & Crème Frappuccino Blended Beverage erschien mir das gesamte Leben in einem völlig neuen Licht! Ich sah die Dinge anders, sobald ich an die Tränke angeschlossen war.

Ja, wir Starbucks-Kunden leben in einer Koffeinwelt – mit einem direkt in die Adern geschossenen Java Chai Tea Latte gehören unsere Gedanken nur noch zur Hälfte uns, denn die andere Hälfte ist das Produkt unseres ungewöhnlich großen Kaffeebechers, der unseren Namen trägt.

Wer ein Koffeinleben zelebriert, lebt in einer Welt, wo das Hirn porös und milde ist und Schmerz umgehend gelindert wird. Irgendwie kommt gar nichts mehr richtig an einen heran. Denn wir denken als lifegestylte Egomanen nur noch an uns, sobald wir die Latte-Tanke betreten: Endlich dürfen wir, die attraktiven, besserverdienenden, jungen Obersympathen, die wir sind, uns ganz offiziell im grauen, stressigen Alltag uns selber und der eigenen Genusszone widmen – die Welt draußen lassen und uns an Sinnlichkeit laben.

Inmitten schmutziger, ungemütlicher und hektischer Großstädte haben wir eine Oase gefunden, um den Augen, der Nase, den Geschmacksnerven eine ganzheitliche, heilende Einheit zu gönnen. Man könnte sich auch in eine Kirche setzen oder in ein Konzert. Aber wir gehen lieber zu Starbucks.

Dort lädt man die Batterien auf. Tasse für Tasse.

Und wer nicht wirklich innehalten kann und ausgebrannt weiterhetzt, der trägt sein Wellness-Coca-Treatment to go als Kaffeebecher wie eine Fackel vor sich her. Eine Standarte mit der Message: »Kinder, ich hab's eilig, aber trotzdem bleibe ich ein Genießer!«

Ja, Lattes stellen einen ruhig. Die sind so was wie flüssiges Valium. Ein Puffer zwischen der Außenwelt und uns selbst. Nach dem ersten Schluck erscheint alles wie in Watte gebettet. Es muss ja nicht gleich Prozac sein – auch der ganz legale Stoff, den uns die Kaffeeindustrie vorsetzt, macht aus jedem noch so aggressiven Angreifer einen verträumten Phanthasten.

Mit dem XXL-Kaffeebecher in der Hand über die Museumsinsel streifen, das lässt so manchen Träumer tatsächlich glauben, er lebe ein *Sex in the City*-Dasein, obwohl er nur ein Opfer ist, das an der Haltestelle auf den nächsten Bus wartet.

Mit drei Melted Chip Chocolate Frappucino Beverages vor zwölf Uhr mittags baut sich ein gewisses pazifistisches Potential auf – wir fühlen uns versöhnlich gestimmt und gehen alle Sorgen milde an, gnädig und entspannt. Schließlich haben wir unser Nervensystem gründlich benebelt. Das ist näher am Koks dran, als wir denken. Irritiert, müde, besorgt? Da verleiht die regelmäßige Kaffeepause an den Starbucks-Tränken jedem noch so banalen Alltag eine gewisse »Ich gönn mir halt was«-Struktur. Es muss ja nicht gleich ein teures Parfüm sein, ein paar Schuhe oder ein Stück Torte, nein, wem all das genommen wurde, was dick macht oder Nikotin enthält, der entwickelt dankbar die Bereitschaft, den Preis von 500 Gramm Kaffee für eine einzige Tasse zu zahlen.

Was für eine kaufmännische Glanzleistung der Kaffeeindustrie, das Hundertfache an Wert für einen Shot Kaffee zu verlangen, nur weil künstliches Aroma und aufgeschäumte Milch uns emotional das Gefühl geben, wieder die Geborgenheit und Wärme der Mutterbrust zu erleben. Dafür ruinieren wir uns gern, obwohl wir das Produkt eigentlich gar nicht brauchen. Denn man verwendet nur einen kleinen Teelöffel Espresso für einen XXL-Becher Latte macchiato. Und auch nur sehr wenig Milch. Deshalb wird die ja aufgeblasen, damit sie nach gaaanz viel aussieht. Der Clou ist natürlich, dass sich im Becher die drei Ebenen widerspiegeln: die Unterschicht, die Mittelschicht und die Oberschicht. Das Klassensystem dürfen wir in unserer politisch korrekten Gesellschaft ja auch nicht mehr mit Häme und Hohn kommentieren, aber im Latte macchiato werden wir daran erinnert. Oben die, die das Sahnehäubchen bilden, in der Mitte die schweigende, blasse, angepasste Mehrheit und ganz unten der Bodensatz des Volkes. Eine Trilogie, eine Dreifaltigkeit in Schwarz, Blond und Weiß. Allet schön ...

Ethisch korrektes Kaffeetrinken mit Homepage und Aktienkurs! Dass so was möglich ist ...? Aber die nehmen ja auch keine Bohnen, die haben »Blends«. Röstungen so vielfältig wie die Farben des Regenbogens. Die recyceln, bauen umweltfreundlich ihre »Coffeehouses« und bewahren so unsere Ressourcen: Wir retten den Regenwald, Tasse für Tasse – weil wir uns mit Starbucks für den Planeten Erde engagieren. Die Mitmenschen und der Klimaschutz müssen keinen Schaden mehr erleiden, nur weil wir eine Kaffeepause einlegen.

Mit jedem Schluck aus dem großen Thermobecher to go retten wir die Welt, die Menschheit, die Brüderlichkeit. Deshalb können wir auch immer an belebten Verkehrsknotenpunkten Zuflucht in organisch abbaubaren Kaffeetempeln finden: an Flughäfen, auf Bahnhöfen, in Fußgängerzonen,

Malls, Kaufhäusern, Unterführungen erwarten uns die Kathedralen des Starbuckings. Überall, wo es eng wird und man sich auf die Füße tritt, hält eine Coffeehouse-Filiale die Schwingtür für uns offen. Und müssen wir lange warten, so gehen wir einfach über die Straße. Denn die Filialen liegen sehr dicht beieinander – damit Kunden in Stoßzeiten nicht aus Verzweiflung zur Konkurrenz überlaufen. Auch rund um Universitätsgebäude ist Starbucks präsent: Damit junge Leute an das Unternehmen gewöhnt werden wie wir als Kinder einst an Disney World.

Im heiligen Gral erwartet man uns dann nicht mit Muckefuck, sondern natürlich mit frei erfundenen Produktnamen in einer Mischung aus Englisch und Italienisch, teilweise fließen auch französische Begriffe mit ein.

Der Vanilla Bean Crème Frappuccino® Blended Crème könnte auch einer Travestieshow von der Reeperbahn entsprungen sein. Und dazu gibt's noch ein Tuna Panini mit Mature Cheddar. Bei so viel Zungenakrobatik wird man geschickt vom Wesentlichen abgelenkt: Nämlich dass ein Stück des legendären Chocolate Truffle Cake 687 Kalorien hat und ein Tall Cream Caramel Frappuccino mit Magermilch ohne Sahne trotzdem seine properen 157 Kalorien!

Aber Starbucks hat sein eigenes Esperanto entwickelt: Very Berry Hibiscus Starbucks Refreshers Beverage hat ein paar Kalorien, aber 0 Prozent Fett! Und der Iced Skinny Latte Tall nur 70 Kalorien! Aber immer wachsam bleiben und das Kleingedruckte lesen, bitte schön! 510 Kalorien für eine schmale Scheibe New York Cheesecake, aber der ist nicht wirklich optimal!

Und wo man solch komplizierte Ansagen machen muss und das Coffeehouse zur Showbühne wird, da ist auch die

Bedienung Teil des Schauspiels: Die freundlichen Verkäufer sind nicht nur Tresenpersonal, sondern, oho: Baristas! Eine italienische Berufsbezeichnung für charmantes Latino-Bedienungspersonal, das Espresso zubereitet. Also Kaffeehauskellner mit Diplomfachschule und Fachabitur. Muss man dort auch haben, denn es gibt laut Eigenwerbung 87 000 Getränkekompositionen! Da braucht man eigentlich jede Menge Zeit, um sich zu entscheiden. Ich werde in Zukunft mehr auf mein Recht pochen, mir die individuelle Speisekarte ganz genau anzusehen.

Wäre ja auch gelacht, wenn bei solch einer Auswahl der persönliche Kaffee nicht mundet. Wir kaufen hier Romantik und Erlebnisgastronomie, und dazu gehört eine Terminologie, die uns vor uns selbst aufwertet, indem wir die Starbucks-Fachsprache wie einen Geheimcodex beherrschen lernen. Geradewegs so, als würde man Biologie studieren und alle Pflanzenarten des Regenwaldes erlernen müssen.

Das alles wäre noch nicht wirklich individuell, wenn nicht schließlich – als Klimax – unser Name von der umweltbewussten und soziopolitisch engagierten Bedienung abgefragt werden würde, um dann mit einem dicken Edding in Kinderkrakelschrift auf den Becher gekritzelt zu werden. Wenn wir damit rumlaufen, sieht das aus wie im Kinderheim – jeder weiß, welcher Giga-Pappbecher zu ihm gehört, weil ansonsten alles gleich aussieht.

Solange man Kimmi oder Aische heißt, geht das ja schnell, wer aber als Sharmaine, Peregrine, Pomeline oder Bilgerhahn daherkommt, kann die ungehaltenen Blicke in der Schlange hinter sich geradezu im Rücken spüren. Denn länger – und das ist Starbucks Policy – als vier Minuten sollte kein Kunde auf seinen erlösenden Shot warten.

Im April 2007 erhob in den USA eine staatliche Behörde, das National Labor Relations Board, in dreißig Fällen Anklage gegen Starbucks. Es ging um gewerkschaftsfeindliche Praktiken, unschöne Maßnahmen gegen Angestellte und um unfaire Kündigungen unter Vorwänden. Außerdem hatte eine Angestellte dagegen geklagt, dass Vorgesetzte in Starbucks-Shops an den Trinkgeldern ihrer Mitarbeiter beteiligt werden. Der Prozess dauerte bis Anfang 2008. Im März 2008 wurde der Konzern dazu verurteilt, circa 100 Millionen Dollar einbehaltener Trinkgelder an Beschäftigte zurückzuzahlen. Das Trinkgeld ging bis dahin wahrscheinlich direkt an Mr Howard Schultz nach San Francisco. Alleine davon hat er schon auf Generationen ausgesorgt!

Bei einem genaueren Blick hinter die Fassade von Starbucks stößt man immer wieder auf Aussagen, dort würden menschenunwürdige Verhältnisse herrschen. So wurden laut einem ZDF-Bericht in deutschen Filialen Betriebsräte gezielt nach Vorgaben der Geschäftsleitung gewählt. Diese angeblichen Arbeitnehmervertreter waren weniger ihren Kollegen gegenüber loyal, dafür umso mehr gegenüber der Geschäftsleitung. Unabhängige Betriebsräte wurden unterdessen mit falschen Anschuldigungen und Abmahnungen unter Druck gesetzt und so zur Kündigung genötigt. Außerdem wurden wohl Mitarbeiter angehalten, Milch zu verwenden, deren Haltbarkeitsdatum bereits abgelaufen war.

Deutsche Medien haben mehrfach berichtet, dass Starbucks mit Buchungstricks wie dem »*Double Irish With a Dutch-Sandwich*«-Prinzip Steuerzahlungen in Milliardenhöhe vermeidet. So hat Starbucks in Großbritannien viele Jahre lang offenbar keine Steuern bezahlt, obwohl die britischen Filialen Millionenumsätze machten. Aber durch Transaktionen an seine Europa-Zentrale in den Niederlanden, wo das Unternehmen Steuervergünstigungen erhält, konnte Starbucks seinen tatsächlichen Umsatz auf dem Papier als Verlust ausgeben.

Gratulation, Mr Howard Schultz – was für ein Lebenswerk! Wie haben Sie das nur geschafft, die Bücher so akkurat zu führen?

Schauen wir ihn uns an, das schlaue Kerlchen aus dem Armenviertel New Yorks. Howi wurde am 19. Juli 1953 in Brooklyn als Sohn eines jüdischen Windellieferanten geboren und wuchs in einer Sozialwohnung eines sogenannten Housingprojects auf.

Man pflegte in den 1950er Jahren dort wahrlich keine Kaffeekultur, denn gerade zu dieser Zeit wurde eher der lösliche Instantkaffee zum Kult erkoren. Im Hause Schultz holte die Mutter nur zu seltenen Gelegenheiten die Kaffeemühle hervor, genügte es doch, kochendes Wasser über einen gehäuften Teelöffel gefriergetrockneter Körner zu gießen. Howi entwickelte in dieser Multikulti-Gesellschaft jedoch nicht nur sportliches Talent, sondern auch einen Sinn für die Härten des Lebens. Er erkannte frühzeitig, dass das Leben ein Schlachtfeld ist. Als dann noch im Jahre 1961 der Vater einen Unfall hatte, der ihn ans Haus fesselte, weswegen er seinen lausigen Job verlor, wäre für die meisten das Schicksal der Chancenlosigkeit im Existenzkampf besiegelt gewesen.

Der Junge war damals gerade acht Jahre alt. In diesem Alter brennen sich Muster ein. Als Eintrittskarte zu einem besseren Leben blieb ihm nur der Sport. Schultz spielte Football, wie viele Nachbarskinder. Doch für ihn schien im Gegensatz zu seinen Kumpanen schon damals die Sonne: nämlich in Form eines Football-Stipendiums der Universität von

North Michigan. Neben den zahllosen Jobs, die er seit seinem zwölften Lebensjahr machte, sei es als Autowäscher, Fahrradkurier oder Kellner, bekam er später noch einen Studentenkredit und belegte an der Uni die Fächer Marketing, Rhetorik und Kommunikation.

Zurück in New York, fand er in Manhattan einen Job beim Elektronikkonzern Xerox. Lange Zeit wusste er nicht, wohin mit sich und seiner Zukunft. Zunächst hieß das Ziel: Fotokopierer verkaufen. Und zwar möglichst an jeden, der ein Büro im Big Apple hatte. Er zog von Tür zu Tür und rief jeden Tag hundert fremde Leute an. Daran, dass er abgewiesen wurde und Türen vor seiner Nase zugeschlagen wurden, gewöhnte er sich schnell. Als er alles bei Xerox gelernt hatte, was dort für ihn möglich war und tatsächlich durch gute Bilanzen hervorstach, ließ er sich von einem schwedischen Konzern abwerben, der Kaffeemaschinen vertrieb.

Hier nimmt die Legende ihren Anfang. Howi liebäugelte nämlich eigentlich damit, Schauspieler zu werden und den Beruf an den Nagel zu hängen. Dann aber erhielt er das Angebot, die Großhandelsabsatzmärkte zu übernehmen und für ganze Länder zuständig zu sein. Und Mr Schultz erledigte seine Hausaufgaben mit Hingabe. Bei der Prüfung der Absatzzahlen fiel ihm ein kleiner Einzelhandel an der Ostküste auf, der nur vier Filialen besaß und trotzdem mehr edle Kaffeemaschinen verkaufte als die riesige amerikanische Kaufhauskette Macy's!

Ein Grund für Howi nachzuhaken.

Hatten die Gründer von Starbucks etwa eine Marktlücke entdeckt? Wieso schmeckte der Kaffee dort offenbar besser als im Rest des Landes? Und wenn sich edle Kaffeebohnen und dazu passende Kaffeemühlen und -maschinen auch in den USA hervorragend verkaufen ließen, dann leitete Howi daraus folgerichtig ab, dass die Instant-Plörre niemanden mehr wirklich befriedigte.

Und wann immer Amerika die Schnauze von etwas voll hat, tut sich ein neuer Markt auf. Kaffetrinken als neue Form des Entertainments etwa?

Seiner Frau sagt Schultz, er wolle nach Seattle fliegen, um mehr über die Firma herauszufinden. Im besten Anzug tritt er an und erfährt gleich, dass die Gründer von Starbucks eigentlich keine Expansionspläne haben. Er will trotzdem unbedingt ins Unternehmen einsteigen. Denn Schultz hat schnell eine große Vision, die er von einem Mailandbesuch mitbringt: Er will nicht nur Bohnen und Maschinen verkaufen, sondern den Kaffee vor Ort ausschenken. Coffeeshops im Stil der unzähligen Mailänder Espressobars, die gleichzeitig Kommunikationszentrale und Tankstelle für die Seele sind.

Wie beschreibt es Mr Schultz selbst in seiner Biographie *Pour Your Heart Into It?* Er habe den freundlichen Barmann gesehen, das Dampfgeräusch der Espressomaschine gehört, das kühle Porzellan der kleinen Tassen gespürt, die Wärme und das Aroma des frisch gemahlenen Kaffees geschmeckt. Und er war begeistert. Es ist der Augenblick, in dem Howi die Idee für sein Imperium kam. Wozu Müßiggang und Bummeln alles führen kann ...

Andere bleiben faul im Bett liegen und schauen Pay-TV im Hotel! Mr Howard Schultz aus Brooklyn hatte bei einem einzigen Besuch in Italien die Vision, dass jeden Tag Millionen Tassen Kaffee verkauft werden könnten, wenn es ihm nur gelänge, in uns Bedürfnisse zu wecken, von denen keiner zuvor je etwas ahnte! Und er kannte auch seine Zielgruppe: junge, gutverdienende Stadtbewohner.

In seiner Autobiographie äußerte er später seine Begeisterung über die Qualität des bei Starbucks verkauften Kaffees: »Es war, als hätte ich einen neuen Kontinent entdeckt.« Zunächst übernahm er bei Starbucks die Leitung des Einzelhandels und der Vermarktung von Spitzenkaffee. Dann weitete er das Geschäft auf die Belieferung gehobener Restaurants und Espressobars mit Kaffeebohnen aus. Bald erwies sich sein Kaffeebar-Konzept als so erfolgreich, dass es zum Streit mit den Gründern der Firma kam – denn Howi wollte ALLES!

Also kündigte Schultz bei Starbucks und eröffnete 1985 seine eigene Kaffeebar namens Il Giornale. Nicht ohne selbst die Investoren aufzutun. Er klapperte mehr als zweihundert mögliche Geldgeber ab und überzeugte am Ende nur eine Handvoll von ihnen, in das Geschäft mit einzusteigen. Das reichte aber, um den ursprünglichen Eigentümern 1987 die Firma Starbucks abzukaufen und mit elf Läden und hundert Angestellten einen beispiellosen Boom beginnen zu können.

3,8 Millionen US-Dollar aufzutreiben klappt nicht ohne geniales Talent. Das hat er eben. Er ist der geborene Verkäufer, der zudem mit Flair und Empathie immer den Spaß an der Sache im Auge behält und dabei doch ein brillanter Netzwerker ist. »Endlich befand sich Starbucks in meinem Besitz«, erinnert sich Schultz voller Stolz. Schon jetzt wäre die Erfolgsstory perfekt gewesen, doch Howi hatte sich gerade mal warm gelaufen. Die Expansion konnte beginnen.

Es sollte ein Unternehmen werden, »auf dessen Werte und Prinzipien wir alle stolz sein können«. Mitarbeiter und Kunden gefallen diese schönen Sätze. Und die neuen Bezeichnungen. Der Pott Kaffee heißt Grande oder Tall, die Wände sind orange gestrichen. Und nichts stört die Yuppie-Kunden daran, drei Dollar und mehr für einen Kaffee im Pappbecher auszugeben. Schließlich gilt das auf einmal als neuer Lifestyle. Und anders als im Omakaffeehaus wird niemand rausgeschmissen, wenn er drei Stunden vor einem Becher sitzt, um in Ruhe chatten zu können.

Mit vier kleinen Läden in Amerika hatte er angefangen und daraus schuf Mr Schultz 20 000 Filialen mit 13 Milliarden Dollar Jahresumsatz! Tasse für Tasse! Dank Leuten wie mir. Schultz war bei seinem Expansionskurs nicht zimperlich. Er bot Vermietern an, eine doppelt so hohe Gewerbemiete zu zahlen – damit sie der Konkurrenz kündigen. Mit Geld geht alles, und inzwischen war er liquide. Er kaufte andere Ketten auf oder vertrieb sie. 1995 gab es bereits 627 Starbucks-Läden in den USA – genug für den amerikanischen Traum. Aber Schultz wollte noch mehr.

Einmal in der Kindheit gelitten, kann er den Rand nicht vollkriegen. Die Welt wird ihn kennenlernen. Was in NYC funktioniert, wird auch in Castrop-Rauxel klappen. Mit Erfolg. In Wien, der Stadt mit der ehrwürdigen Kaffeehauskultur, läuft der Starbucks in der Innenstadt hervorragend. Schultz weiß: Die Alten sterben weg, die Jungen wachsen nach – und alle haben es eilig. Mehr Infos braucht er nicht, um zu wissen, wohin die Reise geht. Und zwar weltweit.

Seine Ehefrau ist immer dieselbe geblieben, und privat gab es nie Skandale. Die erste gemeinsame Wohnung strich Sheri apricot an, und heute ist sie eine gefragte Interior Designerin in den Hamptons. Wenn die Familie bei Starbucks Station macht, zahlen sie wie ganz normale Kunden. Wie Mr Schultz kommentiert: »Wir wollen, dass die Bilanzen gut aussehen. Also zahlen wir den vollen Preis.«

Unklar bleibt, ob er uns jedes andere Produkt auch so genial aufs Auge hätte drücken können? Mit seinen gerösteten Kaffeebohnen hatte er jedenfalls die Chance, direkt an unsere olfaktorischen, sinnlichen, emotionalen Wurzeln, an unsere Sehnsucht nach Ruhe, Wärme, Geborgenheit und Genuss anzudocken.

In Wahrheit hat das Starbucks-Imperium ziemlich wenig mit der Liebe für italienische Kaffeekultur zu tun – und ziemlich viel mit dem Geschäftstalent, dem Marketinggeschick und dem starken Willen des jüdischen Jungen aus Brooklyn. Howard Schultz, der deutsche Emigrantensohn, notiert 2013 auf der *Forbes*-Liste amerikanischer Milliardäre auf Platz 311 mit einem Vermögen von zwei Milliarden Dollar. Self-made!

Apropos: Mr Schultz sieht unverschämt gut aus. Und das mit über sechzig. Er hätte sich auch als Model versuchen können. Aber jetzt strahlt er das Charisma eines wandelnden Scheckbuches aus.

Howard Schultz for President!

Auf zur nächsten Tasse …

5

Mein HASS auf die Handtaschen

Ich bin wirklich gespannt, wie lange unsere Gesellschaft noch von den Spätfolgen einer ganzen Generation von *Sex and the City*-Zuschauerinnen erschüttert sein wird. 1998 erstmals ausgestrahlt, soll es tatsächlich unter uns noch immer Leute geben, die mit fast zwanzigjähriger Verspätung diese Comedyserie »frivol«, »gewagt« und »frech« finden, sie gerade erst entdecken oder sie sogar auf sich beziehen. Ein im Jahre der Erstausstrahlung geborenes Baby wäre inzwischen immerhin volljährig. Aber unter uns weilen tatsächlich Zeitgenossen, um nicht zu sagen: Landeier, die so tun, als hätten sie gerade eine avantgardistische Entdeckung gemacht, indem sie den sexuellen Eskapaden der emanzipierten Serienfiguren nacheifern.

Die Serie, die Sexualität und gescheiterte Beziehungen städtischer Frauen ab dreißig aufwärts in der heutigen Zeit zum Thema hat, deckt Klischees und Rollenzuschreibungen auf und reflektiert sie, aber das stets publikumstauglich und konsensfähig! Was für ein Aha-Erlebnis für Werbung und Wirtschaft! Und wie groß muss der Stock sein, den man im Arsch hat, wenn man erst eine solche Serie braucht, um vielleicht mal das Wort Sex in der Öffentlichkeit in den Mund zu nehmen? Nun, Millionen Frauen haben offenbar diesen großen Stock im Arsch, denn sie wurden erst von dieser Kultserie dazu animiert, mehr aus sich zu machen und endlich, endlich eine Entschuldigung dafür zu haben, dass sie offiziell ganztags in Nuttenschuhen rumlaufen dürfen und Fickschlappen im Büro amtlich erlaubt sind. Auch amouröse sexuelle Erlebnisse und Details aus der Datingszene preiszugeben gilt seitdem als gesellschaftsfähig. Schwanzgrößen, Analverkehr, gefakte Orgasmen – alles Themen, welche bei der gepflegten Konversation einer entspannten Dinnerparty nicht mehr fehlen dürfen.

Dem Zynismus der Hauptfiguren – einst wurden sie von den deutschen Medien als »böse« klassifiziert – wird mehr oder minder bissig nachgeeifert. Schlecht natürlich. Dass junge Frauen ausgefallene Mode lieben und einen Großteil ihres Gehaltes für Schuhe ausgeben, stieß plötzlich allseits auf Verständnis und löste geradezu eine Bewegung aus.

Man sollte meinen, fast zwanzig Jahre nach *Sex and the City* haben sich nun alle einen auf Manolo-Blahnik-Schuhe runtergeholt. Einschließlich der 15-Euro-Billigkopien, die als Fakes aus der Türkei daherkommen.

In dem Moment, wo ein Blahnik-Schuh Mainstream wurde, bin ich ausgestiegen und habe Socken mit Crocs, Clogs oder alten Steppschuhen mit Lodenlook, Ponchos und Einhornhüten kombiniert. Denn getragen habe ich Blahniks bis zu dem Moment, als Jimmy Choo aufkam – und das war vor zwanzig Jahren. Wer heute noch einen Orgasmus bei Stöckelschuhen mit Strass kriegt, ist wirklich ganz und gar out-datet. Dieser Schuhtick ist doch total Neunziger. Genau wie Koksen. Schon in den Achtzigern war Maud Frizon IN und hat geradewegs den Weg zu Christian Louboutin geebnet. Und nun gibt es immer noch Leute, die so tun, als hätten sie gerade eben den ersten Hackenschuh ihres Lebens entdeckt. Man kann doch nicht die letzten dreißig Jahre verschlafen haben? Und jetzt aufschreien, wenn man eine Strass-Schnalle am Schuh sieht ... Die Wende liegt doch auch schon fast ein Vierteljahrhundert zurück! Da muss man doch keinen Pflaumensturz mehr kriegen, weil irgendwo was blitzt und blinkert. Aber es gibt ja auch eine Klientel, die Ah und Oh sagt, wenn ein Mann sich Strass-Steine ins Gesicht klebt. Das sind alle, die mit vierzigjähriger Verspätung auch jetzt gerade erst die Schwulenbewegung entdecken und nun großzügig erklären: »Jeder darf sich kleiden, wie er will.«

Weil die Reaktionären jetzt auch bei den Liberalen angekommen sind, oder was? All jene, die sich heute noch mit ihrem Schuhtick brüsten, haben kein Stilgefühl. Wer cool ist, hat mit dem Tussilook schon vor fünf Jahren abgeschlossen – heute rennen doch sogar in der Dorfdisco alle wie aufgestylte Travestiekünstler rum! Da kann man sich doch nicht als hipper Trendsetter fühlen, wenn man eigentlich schon wieder Vintage ist.

Ich weiß aber, warum alle plötzlich Schuhe lieben: Der Schuh ist eben das einzige Kleidungsstück, in dem wir nicht vornübergebeugt in der Umkleidekabine steckenbleiben und die Verkäuferin zu Hilfe rufen müssen, um uns zu befreien, während wir anfangen zu heulen, weil wir merken, dass wir zu fett geworden sind. Im Gegensatz zu einer Jeans, die wir nicht mal bis zur Hüfte hochziehen können, sind Schuhe immer ein Trostpflaster, denn sie kränken unser Ego nie. Das Schlimmste, was passieren kann: Man kriegt vielleicht bestenfalls von neuen Schuhen Blasen.

Außer die Hartz-IV-Prominenz natürlich. Bei der ist das umgekehrt: Die kriegt vom Blasen neue Schuhe! Niemals aber werden wir Tränen in den Augen haben, weil ein schmaler Slipper nicht sitzt. Das einzige Kleidungsstück, das da mithalten kann, weil es unsere Seele ebenso schont, ist eine Handtasche. Dafür ist man nie zu fett. Deswegen sind diese Accessoires unschlagbar beliebt. Eine schöne Tasche und ein passabler Schuh sind Werte, die unser gesamtes lädiertes Selbstwertgefühl reparieren können.

Dennoch will es gelernt sein, mit Handtaschen umzugehen, denn was harmlos daherkommt, kann zu einer Katastrophe werden. Schuhe hintergehen uns nicht, Handtaschen schon. Sie sind verzickt. Sie sind tricky. Ich habe sie kennengelernt. Bin ihnen auf den Leim gegangen.

Schnell wird eine Handtasche auch außerhalb der eigenen vier Wände zu einer Reflexion unserer nachlässigen Haushaltsführung. Wir sind eben nicht wirklich die perfekten Meisterhausfrauen, die wir vorgeben zu sein. Das zeigt sich an den Rückständen in unseren Handtaschen. Taschen haben generell etwas ziemlich Arrogantes; sie verbringen zwar ihr Leben am Boden oder unterm Tisch wie eine Kakerlake oder werden benutzt, um ein Kilo Kartoffeln zu schleppen, aber sie haben es geschafft, weit über ihre eigentliche Funktion hinaus immense Macht über uns zu gewinnen: Sie stellen unsere konstante Desorganisation bloß, spiegeln unsere Schwachstellen wider, unsere Unfähigkeit, irgendetwas wegzuschmeißen, zu koordinieren und unter Kontrolle zu behalten. Viele von uns scheitern in ihrem Leben als Frau bereits am Management der eigenen Handtasche.

Obwohl wir klein und sauber beginnen und den Vorsatz fassen, »dieses Mal wird alles anders«, verkommt unsere neue

Tasche bald zu einem Morast. Einem Sumpf aus Kugelschreibern, Taschentüchern, Boarding-Pässen längst vergessener Flugreisen, Hotelschlüsseln verkackter Wochenenden, Lippenstiften ohne Hülle, Tabakkrümeln (obwohl wir vor Jahren schon das Rauchen aufgegeben haben), losen Tic Tacs, Schmerztabletten, kaputten Kugelschreibern und Tampons, die langsam ihre Verpackung verlieren. Man möchte sagen: Unsere Handtasche wird früher oder später auf grauenvolle Art und Weise zur Reflexion unseres Selbst.

Taschen entpuppen sich auf Dauer als ein schwieriges Accessoire. Wenn sich erst die Münzen ihren Weg aus dem Portemonnaie bahnen, die Kreditkarte im Make-up klebt und Snacks, die wir auf einem Flug mitgenommen haben für den Fall, dass wir mal vorm Verhungern stehen und Appetit auf ein Stück Käse bekommen, das nach Plastik schmeckt – wenn all das uns den letzten Nerv raubt, erst dann realisieren wir, dass Taschen immense Anforderungen an ihre Trägerinnen stellen.

Nach Jahrzehnten extensiver Studien zu dieser leidigen Thematik kann ich folgende Hypothese empirisch nachweisen: Je größer die Tasche, desto mehr ist sie eine Einladung, im Chaos unterzugehen.

Große Taschen verführen dazu, sich zum Messie zu entwickeln.

Man ist doch nicht auf der Flucht. Das Gefühl geben sie einem aber.

Was man wirklich unterwegs braucht, ist eine Trinkflasche, eine Sicherheitsnadel, Schlüssel und ein Portemonnaie – eventuell noch ein Taschentuch und einen Lippenstift. Außerdem noch einen Shopper, eine Einkaufstasche für Gemüse und den Drogeriemarkt.

Aber dieses Feingefühl für die wesentlichen Dinge ist längst verlorengegangen. Wir haben verlernt zu selektieren, weil die Taschen riesig geworden sind – oftmals größer als die Röcke oder Tops, die wir tragen.

Deshalb hasse ich meine Handtasche. Sie überfordert mich. Weil sie unweigerlich alle Voraussetzungen dafür schafft, dass ich am Ende von mir selbst enttäuscht bin. Handtaschen kommen unglaublich raffiniert und anspruchsvoll daher.

Und die Tatsache, dass wir uns für sie ruinieren sollen, trägt einen hinterlistigen Namen: Einem besonders hochwertigen Exemplar haftet das Label der »Investment Bag« an. Da bleibt es nur zu überlegen, ob man sich ein Aktienpaket kauft oder ein kleines Vermögen in Form einer Handtasche anlegt.

Okay, ich habe im Leben einiges erreicht, bin seit achtzehn Jahren eine erfolgreiche Alleinerziehende, habe mir ein Imperium aufgebaut und absolviere fünf Berufe parallel. Aber ich habe es noch nicht geschafft, mir eine Tasche im Wert eines Investments zu besorgen.

Ab wann ist eine Handtasche überhaupt ein Investment? Ab 800 Euro für eine Mulberry oder ab 2000 für eine Tod's oder ab 4000 für eine Kelly Bag der unteren Kategorie? Oder doch erst ab 10 000 Euro für eine Birkin Bag?

Angeblich haben ja seriöse, erfolgreiche Frauen mindestens sechs Investment-Bags im Schrank: in diversen Farben – so was ist ein MUST. Ich bin gescheitert, denn ich habe keine einzige Investment Bag. Eine blass-beige-graue, sozusagen »non colour geschlammte« Hermès Kelly Bag wünsche ich mir seit Jahren, aber ich erwirtschafte mir nicht 8000 Euro netto, um dann so ein Ding in der Kneipe unter den Tisch zu schieben oder damit durch Regen und Kugelblitze zu rennen.

Taschen von Louis Vuitton, Prada, Chloé, Gucci, Marc Jacobs sehen, wenn sie erst mal eingetragen und mit der Trägerin verwachsen sind, auch nur noch aus wie eine verbeulte Kopie aus den Hinterzimmern der asiatischen Schwarzmarkthändler. Und dies ist ein Dilemma! Denn egal, welche Investment Bag wir auch tragen, am Ende werden wir an ihr verzweifeln! Ein Investment bedarf hoher Versicherungssummen. Die Tasche muss regelmäßig imprägniert werden. Man kann sie nicht in einen Ferienkoffer knallen und es locker auf sich zukommen lassen, ob dieser nun geklaut wird oder nicht. Das sündhaft teure Stück provoziert Missgunst und Neid jener, die es sich nicht leisten können und schon stolz auf ihre 29-Euro-Banana vom Topshop sind. Und sie erntet Spott und Häme all jener, die als wahre Zielgruppe der Haute-Couture-Luxusklasse stets das Modell der nächsten Saison für 30 000 Dollar vorbestellen. Die Kroko-Variante in weiß oder pink zum Beispiel, passend zum Schuh, versteht sich. Und wer eine Handtasche zum Preis eines Kleinwagens trägt, sollte darüber nachdenken, ob sich diese auch amortisiert. Nimmt man sie nun lieber selten, um sie zu schonen, oder begleitet sie einen täglich, damit sie sich rentiert?

Offenbar glauben wir wirklich, der Besitz einer sehr teuren Handtasche würde uns dazu inspirieren, ein besserer Mensch zu werden. Es funktioniert nicht.

Ich für meinen Teil habe das Ruder rumgerissen. Mit einer Radikalkur. Ich bin auf Beutel umgestiegen. Vinylbeutel. Das sind die besten Taschen, die ich je gehabt habe. Mein Beutel ist orange und passt zu gar nichts. Und deshalb passt er – auf einer tieferen, metaphysischen Ebene – schon wieder zu allem. Er ist absolut reiß- und wasserfest und zu allen Jahreszeiten gleich unattraktiv. Ich werde diesen Beutel nie ersetzen müssen, denn er ist unkaputtbar. Und ob Sie es glauben oder nicht – überall, wo ich damit aufkreuze, sagen die Leute: Wow, was ist das für eine coole Tasche, wo hast du diese Tasche her? Und ich antworte: »Das ist die Crème de la Crème aller Handtaschen!«

Aber das Allerbeste ist der modische Aspekt: Mein orangefarbener Vinylbeutel war noch nie in Mode. Und deshalb kann er auch nie aus der Mode kommen. Das ist echter Chic – denn der Beutel, den nur ich besitze, ist ein Original und deshalb echt »lässig«. Was gibt es Cooleres?

6

WIE MAN WUNDERSCHÖN WIRD
oder
Die Politik niedriger Erwartungen

Oft werde ich von Fans oder in Talkshows und Interviews gefragt, wie es sich anfühlt, ein Glamourstar zu sein. Wir leben in einer Bilderwelt, und Glamourstars begegnen uns nur durch Fotoshootings für bunte Magazine. In meinem glücklichen Fall sind es auch die Plakate, auf denen ich mich selbst inszenieren kann, aber was bedeutet das schon? In der Dekade von Photoshop bestehen die Weihnachtskarten, die wir bekommen, zunehmend nur noch aus Augen und Nasenlöchern mit einem Rahmen aus bunten Weihnachtsmännern, die den Tannenbaum schultern. Jedem Kindergeburtstag geht eine automatisierte »Glamour«-Einladung voraus, die Mutti sich schnell am Laptop gebastelt hat.

Wo also verläuft in der Fotografie die Grenze zwischen Amateur und Profi? Als beispielsweise meine Schwester Martina mit mir für die Zeitschrift *BUNTE* einen Termin vereinbarte, war sie, die medienfremde Kinder- und Jugendpsychotherapeutin, sehr nervös. Für mich sind Publicity und Fotosessions der amüsanteste Bereich meines Berufes. Man fängt etwas ein, was als Bild der Nachwelt erhalten bleiben wird. Für immer. Im Gegensatz dazu ist ein Theaterauftritt leider sehr vergänglich.

Meine Arbeit verschafft mir immer wieder das Vergnügen, mich in Szene setzen zu dürfen. Es soll ja Personen öffentlichen Lebens geben, die damit kokettieren, dass ihnen das alles zuwider ist: Partys, Empfänge, Veranstaltungen, Fotografen, Presse! Manche Promis sind so verstrahlt, dass sie einen Multi-Media-Medien-Verlag auf Amateurbasis führen und trotzdem gleichzeitig das Mediengeschäft anprangern. Oder Ehefrauen haben, die in der Öffentlichkeit generell abwertende Kommentare über Medien abgeben, obwohl es das Metier des Ehegatten ist. Dann hätten sie doch besser einen Busfahrer heiraten sollen, der nicht mit »Öffentlichkeit« zu kämpfen hat.

Ich frage mich, warum Leute, denen die Medien verhasst sind, diesen dann überhaupt einen Besuch abstatten? Ein Pilot, der im Flieger rummosert, dass ihm die Fliegerei nicht passt, sollte doch auch am besten aussteigen. Ich weiß nicht, warum die Koketterie so verbreitet ist, sich über die Bürde der Prominenz zu beklagen, wo doch andererseits das Licht der Öffentlichkeit bewusst gesucht wird. Es ist Dummheit, unter den Aufgabenstellungen und »Anforderungen« eines Models zu ächzen und zu stöhnen, weil das Fotografiertwerden »ja so unglaublich anstrengend« ist. Die Betroffenen könnten sich ja mal am Blumenmarkt versuchen oder in einer Gärtnerei, als Musical-Darsteller, Leistungssportler, an einem Jurastudium oder bei der Weinlese, als Stewardess oder Hebamme, Busfahrerin oder Zimmermädchen – vielleicht hilft ihnen das, die Anstrengungen ihres Berufslebens in eine normale Relation zu setzen.

Ich habe niemals meine Arbeitszeit entspannter verbracht

als bei Fotoshootings. Man geht hin und lässt sich knipsen. Das ist alles. Den Rest besorgen die anderen. Wenn geknipst wird, sollte man stillhalten. Mehr ist nicht zu tun. Ich weiß nicht, was daran anstrengend sein soll. Aber die Möchtegernmodels brechen ja alle irgendwann weinend zusammen und ziehen sich traumatisiert aus dem Geschäft zurück.

Für den Fall, dass Ihnen jemals das Glück vergönnt ist, bei einem Personality-Shooting der Star zu sein, was ja immerhin auch Miss Piggy gelungen ist, lassen Sie mich hier darlegen, worauf Sie achten müssen:

Normalerweise finden professionelle Shootings an abgefahrenen Locations statt. Die müssen auch einen geheimnisvollen Namen tragen, wie es bei Industriehöfen oder alten Fabriketagen üblich ist. Manchmal findet der glorreiche Moment aber auch an einer prachtvollen Location statt, wie in einem schönen Hotel oder in einem Schloss. Egal, wo es ist, immer ist es ein spezieller Ort: Die Räumlichkeiten sind massiv und weitläufig, damit man bei den großzügigen Dimensionen professionell einleuchten kann. Sie betreten den großen Industrielift und werden im Loft bereits vom kompletten Stab und einem Catering-Buffet erwartet, was großzügiger ausfällt als bei Ihrer eigenen Hochzeit. Heute können Sie es sich umsonst schmecken lassen. Die Kaffeebar enthält alle Schikanen, *low fat* und laktosefrei, die Kekse sind mikrobiotisch-organisch-home-made und die Dipplatten ein Gruß aus Mexiko mit Quinoa und Guacamole.

Wer Anstand besitzt, kommt frisch geduscht und mit feuchten Haaren. Gewaschen zur Arbeit zu erscheinen ist in meiner Freestyle-Branche aber keine Selbstverständlichkeit mehr. Manche Promis lassen das Make-up drei Tage drauf und pudern einfach nur nach. Weil sie zum Beispiel seit achtundvierzig Stunden unterwegs sind, vom Langstreckenflug oder vom Nachtdreh kommen.

Zeigen Sie bei der Ankunft am Set Ihr wahres ICH, so wie es sonst nur Ihrem Badezimmerspiegel vorbehalten bleibt. Das ist nicht nur dem Visagisten und Friseur gegenüber eine Höflichkeit, sondern es senkt die Erwartungen an das Gesamtergebnis. Die Politik niedriger Erwartungen zielt darauf ab, das Beauty-Department als betont unattraktive graue Maus zu erschrecken und so einen Spielraum zu schaffen, in dem sich die Kunst der Visagisten entfalten kann. Der Visagist hat ja nichts mehr zu tun, wenn Sie als Kylie Minogue antreten. Damit machen Sie eine Menge Leute arbeitslos.

Mit Ihrer Ausgangsbasis als Hardcore-Material wird dem Styling-Department dagegen nichts anderes übrigbleiben, als Ihre Transformation zu bejubeln. Es ist ein genialer Schachzug von Ihnen, für das Beauty-Department eine Herausforderung zu sein. Wo soll ansonsten die Reise hingehen, wenn Sie schon ankommen wie das blühende Leben? Allein Augenringe und Pickel abzudecken bedarf eines gewissen Handwerkes und verrät mir als Profi bereits, mit welchem Standard von Visagist ich es zu tun habe.

Ganz verpönte Make-up-Artisten sind nach meiner Erkenntnis jene, deren Utensilien nicht sauber, sondern alt, mangelhaft und beschädigt sind, die nichts in ihrem Koffer finden, keine Wimpern oder gar Wimpernkleber dabeihaben, Anspitzer und Pinzetten erst suchen müssen und deren Arbeitsmaterial ungepflegt oder unzulänglich ist. Auch Mundgeruch, nikotinstinkige Hände oder dauernd klingelnde Telefone stören die Atmosphäre. Ebenso wie der Drang, sich selbst in den Vordergrund zu spielen und eine Personality-Show abzuziehen.

Wenn man das große Los gezogen hat, macht die Schminkerin – oder natürlich ein Schminker, was aber prinzipiell ein und dasselbe ist – eine Gesichtsmassage und klopft eine sündhaft teure La-Prairie-Feuchtigkeitscreme ein. Dabei massiert sie auch Schläfen und Kopfhaut und übt sanften Druck auf die Chakren Ihres Schädels aus. Nicht etwa um Sie zu verzaubern, sondern um heimlich Ihre Haare zu untersuchen. Die Massageeinheit dient nicht Ihrem Wohlbefinden, sondern dem Aufspüren von Haarersatzteilen oder kahlen Stellen. Viele Kolleginnen haben nämlich Filznester oder nur noch zerstörten Flaum auf dem Kopf, wegen des jahrelangen Missbrauchs von Extensions: Haare armer, fremder Frauen, die auf einem Marktplatz in Bangladesch von der Haarmafia feilgeboten wurden.

Während Sie sich gerade entspannt zurücklegen und man Ihnen mit dem Föhn den Kopf in den Nacken reißt, stellt sich die Stylistin vor – meistens in eigenem Interesse aufgebrezelt wie Lumpensammlers Töchterlein und mit ihrem persönlichen Erscheinungsbild offensiv überbeschäftigt. Sie rollt einen Kleiderständer mit zahllosen Musterteilen herbei, die sie irgendwo zusammengeklaubt oder abgestaubt hat, und Sie stellen fest, dass die berühmte Profistylistin sich dafür entschieden hat, den Maßzettel, der von Ihnen durchgegeben wurde, komplett zu ignorieren.

Es ist eine der unergründlichsten Fragen der Menschheit, warum Soundchecks und Maßzettel zur Bestandsaufname gehören und routinemäßig im Moment ihres Einsatzes versagen. Was man mir an Schuhen schon hingestellt hat, rangierte oft noch unter dem blauen Sack aus der Altkleidersammlung. Die Garderobe, die ich Humana secondhand spende, ist meist besser als das, was dort als »Glamour-Outfit« auf dem Drahtbügel hängt. Kaputte Reißverschlüsse, abgefallene Pailletten, zerrissenes Innenfutter, Make-up-Ränder, eingerissene Nähte, Materialien, die Fäden ziehen, kaputte Säume, all das habe ich schon auf den Kleiderbügeln des Styling-Departments höflich ignorieren müssen. Die seltenen Highlights mit wirklich hochwertig eleganter Couture und dazu sorgsam ausgewählten Accessoires, die es wert sind präsentiert zu werden, sind eher die Ausnahme. Dann allerdings lässt es sich schwelgen in Armani, Versace und Ralph Lauren Couture – und hinterher kehrt man in sein altes Leben wie Aschenputtel zurück.

Normalerweise aber sind alle Schuhe zu groß und Hosen und Röcke zu klein. Die BHs entsprechen nie den Anforderungen, es wird generell alles ignoriert, was von Ihnen als 85B Cup durchgegeben wurde. Dafür wird eine Auswahl sämtlicher BH-Macharten, die Sie nicht brauchen und die nicht Ihrer Größe entsprechen, fein säuberlich ausgebreitet. Der Profi bringt deshalb seine eigene Unterwäsche mit und dazu noch ein paar Push-up-Einlagen und Spanx Fett-weg-Hosen. Die Stylistin wird einige Looks mit dem Make-up-Department durchsprechen und dann abstimmen, dass bitte schön nach dem Aufdrehen der Haare ein kleines Fitting eingeschoben wird.

Neben einem offenen Fenster wird ein großer Standspiegel eingerichtet, und Sie dürfen sich in Anwesenheit aller nackt ausziehen. Dann probieren Sie dreißig bis vierzig Teile durch, die sich mehr oder weniger ähneln. Ich persönlich habe in der Regel bessere Sachen zu Hause im Kleiderschrank und hätte auch Privatgarderobe mitbringen können. Wenn Sie apricotfarbene Outfits bestellt haben, bietet man Ihnen dunkelblaues Paisley-Muster an. Die Schuld für dieses Missverständnis wird Ihrem Manager gegeben, der unzuverlässigerweise die falschen Maße durchgegeben hat, was vom Management am Telefon wiederum empört als »Schwachsinn« bestritten wird.

Obwohl der Termin sich um Illusionen und Träume dreht, haben Sie jetzt Gelegenheit, in ungefiltertem, natürlichem Tageslicht Ihre unperfekten Füße, Ihre Makel und Problemzonen in der Gesellschaft eines Rudels fremder Leute, die alles besser wissen, ausgiebig zu betrachten. Diese Situation ist der Feind aller Träume, und so befinden Sie sich jetzt im Kreuzfeuer der Entscheidungen. Wie macht man das Beste aus Ihrem Typ? Eine ganze Crew von Fachleuten wirft sich ratlose Blicke zu.

Wenn Ihnen etwas von der asiatischen Ware, die auf dem Bügel hängt, nicht passt, wird eine blutjunge Praktikantin, also Assistentin der Assistentin der Assistentin geholt, meist ein Multikulti-Mädchen, das seinen exotischen Look zur Schau stellt und sagt, seine Heimat sei Jakarta. Von den Huschen wollen wir an dieser Stelle gar nicht reden ... Sie wuseln im Hintergrund überall mit gefärbten Wimpern und gezupften Augenbrauen herum und betrachten sich dabei hauptsächlich selbst im Spiegel. Allerdings erfüllen sie eine unbezahlbare Funktion, indem sie den Humor adjustieren und damit das Arbeitsklima stabilisieren. Sie heben die Moral innerhalb eines Teams einander fremder Freiberufler, die sich alle nicht kennen, aber seit acht Uhr morgens einen ganzen Tag lang so tun müssen, als seien sie seelenverwandt. Ein paar Tunten in der Endphase der Homosexualität gehören dazu wie der Kitt, der das ganze Schiff zusammenhält. Tucken nehmen die Spannung raus und sind ein Katalysator zwischen den Welten. Man muss sie nur im Auge behalten, dass sie sich auch wirklich engagieren und nicht nur rumsitzen, gut aussehen und auf Gay Romeo das nächste Date klarmachen. Ich möchte die Schwuchteln im Berufsalltag nicht missen. Meines Erachtens ist Homosexualität in gewissen Branchen eine Grundvoraussetzung, um überhaupt am Set Zugang zu finden. Heterosexuelle Friseure, Visagisten, Stylisten, Fotografen, Designer, Artisten sind nicht wirklich begabt. Sie sind gestrandet in einem Kosmos, in dem sie als Heten die Minorität bilden. Egal.

Zurück zu Ihnen.

Obwohl Sie sich am Vorabend die Augenbrauen gezupft haben, nimmt die Schminkerin eine Pinzette und zupft zwanzig Minuten alle Härchen aus, die Sie übersehen haben. Dies ergibt sich schon dadurch, dass Sie selber Ihr Gesicht in einem anderen Einfallswinkel sehen und sich niemals von schräg oben aus einer Art Vogelperspektive betrachten können. Alles, was Sie selbst an Maßnahmen vornehmen, ist nicht die Wirklichkeit, sondern nur ein kleiner Aspekt davon. Das frontale – en face – Spiegelbild erlaubt uns lediglich, einen kleinen Ausschnitt unseres Gesamtbildes einzufangen.

Die hinter und über Ihnen arbeitende Fachkraft wird sodann circa hundert Minuten mit einer Palette der unterschiedlichsten Pinsel und Applikatoren an Ihnen arbeiten, um Ihre Augen und Gesichtskonturen herauszumodellieren. Nun beginnt die Verzauberung. Denn was Sie im Spiegel sehen, ist ein Image. Ein Image Ihrer Selbst, welches herausschält, was in Ihnen steckt. Nun wird allseits von großem Staunen begleitet das Visagisten-Department triumphieren können. Inzwischen sehen Sie ganz normal aus. Denn weil Sie vorher so klein und erbärmlich angetreten sind, kann die Visagistin tatsächlich Ihre Verwandlung als Erfolg für sich selbst verbuchen.

Während Sie also etwas für das Selbstbewusstsein Ihrer Visagistin getan haben und diese Ihnen dreißig Minuten später erstmals im Leben durch den Gebrauch von circa zwanzig unterschiedlichen Konturenstiften und Schattierern professionelle Lippen verpasst hat, beginnt die Gästebetreuung langsam zu nerven, weil sie zum hundertsten Mal fragt, ob Sie noch einen Cappuccino oder ein Wasser, einen Snack oder ein Sandwich wollen. Überqualifiziertes Betreuungspersonal bringt jedes Mal extra einen Strohhalm mit.

Da Sie nun nicht mehr einem abgehangenen, alten Hühnchen, sondern einem Wannabe-Model gleichen, fühlen sich die Tunten stimuliert und fangen an mit den Accessoires zu experimentieren. Sie tuscheln mit dem »Hairdresser« und bürsten Tressen und rosa Strähnen zum Einklipsen durch. Unterdessen genießen Sie das wärmende Licht des Schminkspiegels und die Dauerberieselung mit Chill-out-Musik. Der Fotograf stattet Ihnen einen Besuch ab und moniert mit besorgten Blicken Ihre Hände und Füße, welche umgehend ein Make-over erhalten. Bei wirklich exzellenten Shootings erhalten Sie eine komplette Maniküre und Pediküre. Wenn eine übereifrige Assistentin Ihnen eine Handmassage gibt, beginnen Sie langsam daran zu glauben, dies sei Ihr richtiges Leben. Derweil stellt sich eine gewisse Hektik ein, weil – »Drama, Drama!« – eine der Tunten per Emergency-Call zu Starbucks geschickt wird, weil der Gratiskaffee nicht den Ansprüchen des Fotografen genügt. Bei dieser Gelegenheit werden auch Hühneraugenpflaster, Wimpernkleber, Schuheinlagen, Nylonfüßlinge, Pflaster, Nähgarn, eine Acrylfeile, Bubble Tea, Kaugummi, Red Bull und Frozen Yogurt besorgt, um dann später auf dem Fensterbrett abgelegt und wieder vergessen zu werden. Wenn Make-up und Hände nach zwei Stunden im Kosmetikstuhl vollendet sind, geht es an die Haare. Der Assistent des Haarstylisten steht neben seinem Chef, tupft seinen Lipgloss nach, schaut neidisch auf die Paletten mit den hundertfünfzig Lidschattennuancen und reicht von einer Art Lederschürze aus dem Friseur die Utensilien. Dies alles erfolgt in einem Tenor, als handle es sich um einen operativen Eingriff auf der Intensivstation. Studieren Sie bitte den Look des Assistenten des Hairstylisten, denn er gibt Ihnen eine Vision davon, was in ungefähr fünf Jahren bei H&M hängt und Ihnen als modern erscheinen wird. Das können Schottenröcke ebenso wie Lendenschurze aus Fell oder tibetanische bodenlange Pelzmäntel zu Springerstiefeln mit Hot Pants sein. Egal, was es ist, Sie werden es in fünf Jahren für sich selbst als optimalen Look entdecken.

Ihre Haare werden erst geföhnt, dann mit einem scherenartigen Bügeleisen geglättet, dann mit einer Lockenschere in Form gebracht, dann toupiert und schließlich mit Gel gestylt. Der Fotograf inspiziert das Resultat, legt mit kritischer Miene seinen Kopf nach rechts zur Seite, reißt ihn dann in einer Übersprunghandlung nach links und lässt ihn in den Nacken fallen. Egal, aus welchem Winkel er Sie auch betrachtet, er findet, die Haare »gehen gar nicht«.

Unabhängig vom Angebot des Haarstylisten wird der Fotograf nach dem Look verlangen, der genau entgegengesetzt ist: Haben Sie eine Brautfrisur, will er eine offene, wilde Afromähne, sind die Haare in weichen Wellen ausfrisiert, verlangt er nach einer russischen Zopffrisur. Hauptsache, das Kontrastprogramm, möglichst noch mit vorbereiteten Haarteilen oder Extensions. Irgendetwas, was Sie morgens noch nicht hatten, wird eingenäht, angeclipst oder als Dutt auf Ihrem Oberkopf als Unterbau befestigt.

Inzwischen ist es Mittag geworden. Während alle anderen Pause machen, führt man Sie auf Latschen und im Bademantel in das Styling-Department, wo »der Look« ausgelegt ist. Die Assistentin mit dem asiatischen Namen, die hier ein Praktikum macht, weil sie eine Affäre mit dem Fotografen hat, bringt sich bewaffnet mit Gummiband, Sicherheitsnadeln, Wäscheklammern, doppelseitigen Teppichklebestreifen, Schaumgummipolstern und einer Fusselrolle in Position. Die schwarzgekleidete Chefstylistin mit dem schwarzen Lippenstift und dem schwarzen Nagellack nimmt das erste Outfit vom Bügel, was designed wurde, um von einem vierzehnjährigen Model auf dem Laufsteg gezeigt zu werden. Die Frau, deren Lebensziel es gewesen ist, das Editorial der *Vogue* zu leiten, findet sich nun an einem Punkt ihres Daseins, wo sie das Hinterteil einer vollschlanken Frau, die in der Mitte des Lebens steht, in ein viel zu schmal geschnittenes Musterkleid aus einer alten Kollektion hieven muss. Dies ist eine Prozedur, die mindestens sechs Hände braucht: Sie selber ziehen den Bauch ein, drücken das Kleid in der Taille nach hinten, während sich die Asia-Assistentin hinkniet und das Kleid stramm nach unten spannt, während eine Schwuchtel in gebeugter Haltung Stück für Stück den Reißverschluss nach oben wuchtet, was die Nähte des Kleides nahezu zum Platzen bringt. Alle sind frustriert. Die Assistentin ist angewidert von ihrem niedrigen Status, die Stylistin empört über das Fleisch, was in Beckenhöhe aus dem Reißverschluss hervorquillt, und während Ihnen das erste Rinnsal von Schweiß den Arsch herunterrinnt, ruft die Stylistin in passiv-aggressivem Ton nach irgendeiner weiteren Schwuchtel, damit er Ihren Rippenkasten wie eine Korsage zusammendrückt, während die gesamte Mannschaft schließlich mit vereinten Kräften eine Presswurst in das Outfit bugsiert. Die Presswurst sind Sie.

Um kurz vorm Fotoshooting die Moral am Set zu retten und den Druck aus dieser für alle erniedrigenden Situation zu nehmen, schiebt die Tunte die Schuld an dem Dilemma einer dritten Partei zu. Um ihr Coming-out in der Provinz zu überstehen, hat die Tucke unbewusst Konfliktvermeidungsstrategien entwickelt, die aus ihr einen Helden machen, wenn die Luft brennt. So wie einst die Mutter daheim die Fahne hochhielt, wenn es darum ging, in der zerrütteten Ehe den Kindern heile Welt vorzugaukeln. Die heldenhafte Tunte sagt: »Das sind diese verdammten Reißverschlüsse. Da fliegen die zum Mond, können aber immer noch keinen ordentlichen Zipper einnähen. Ich hasse Reißverschlüsse.« Alle pflichten bei. Die Harmonie am Set ist wiederhergestellt. Die Tunte hat ihr Tagwerk getan!

Lassen Sie sich durch diese Prozedur nicht demoralisieren. Der Unterschied zwischen normalen Frauen und Models ist, dass normale Frauen Kleider kaufen, um darin gut auszusehen. Die Modeindustrie aber kauft Models, damit die Kleider gut aussehen. Die Models sollen das Kleid eines bestimmten Labels verkaufen. Im echten Leben soll aber ein Designerkleid UNS verkaufen. Die meisten Outfits wären hilflos ohne die Models, die ihnen erst das Leben einhauchen.

Nun stellt man Schuhe bereit, die nur für den roten Teppich taugen. Fotoschuhe. Konzipiert, um auf Bildern präsentiert zu werden, aber niemals entworfen, um damit herumzulaufen. Auch Models kippen darin über.

Niemand hat je beabsichtigt, dass diese Exemplare ihren Zweck als Schuhwerk erfüllen. Sie dienen als Requisit. Als Dekoration. Um damit auf Fotos zu posieren und darin stillzustehen. Es sind nur die Konsumentinnen, die glauben, solche Schuhe seien konzipiert worden, um darin zu leben, zu gehen, herumzulaufen und sich im Alltag tatsächlich darin wohl zu fühlen. Mitnichten. Niemand soll sich in solchen Schuhen glücklich fühlen!

Voilà! Schon vier Stunden nach Ihrem Erscheinen am Set sind Sie fertig und werden vor den großen Kostümspiegel geführt, wo man Ihnen Accessoires anheftet. Das Kleid wird gerichtet. Hinten wird mit Wäscheklammern zusammengefasst, was vorne Falten wirft, mit einer Schere wird am Dekolleté herumgeschnippelt, der Teppichkleber hält Träger und Brüste an seinem Platz, und mit Sicherheitsnadeln wird das Outfit am Saum Ihrer Silhouette angepasst. Fühlen Sie sich jetzt bloß nicht inadäquat. Egal, ob Heidi Klum, Naomi, Claaaudia oder David Beckham, so wird das mit allen gemacht. Und am Ende wird mit Photoshop die Farbe des Outfits geändert und Ihre Figur gestreckt. Die überstehenden Haare werden retuschiert, und Ihre Haut wird mit goldenem Glanz versehen.

Nun werden Sie wie ein Versatzstück ins Licht geschoben. Ich empfehle an diesem Punkt das Atmen einzustellen, da ansonsten das Kleid platzen könnte. Kinn hoch, Hals lang. Brustwarzen gegen den Wind. Bevor es losgeht und der Fotograf ein paar Polaroids schießt, fragt eine der Assischwuchteln, welche Musik Sie hören möchten. Fallen Sie nicht auf diese Fangfrage rein. Bedenken Sie, dass was immer Sie auswählen, für mehrere Stunden bis zum Anschlag aufgedreht im Pop-up-Loft zu hören sein wird, und zwar von einer ganzen Crew von Leuten, die so cool und up to date im Nachtleben unterwegs ist, dass jeder Ihrer Musikwünsche mitleidig als »outdated« klassifiziert werden wird. Murmeln Sie als Antwort am besten so was wie »Hiphop« oder erfinden Sie schnell den Namen einer hip klingenden Trend-Band, um sich Respekt zu verschaffen. Hauptsache, die von Ihnen geforderte Musik ist nicht abruf- oder auffindbar. Nur so werden Sie für voll genommen. Sagen Sie klugerweise: »Dann sucht ihr aus, was ihr hören wollt.«

In dem Moment wird man Ihnen eine weitere Falle stellen. Jemand im Hintergrund wird vorschlagen, dass man Ihren iPod in die Anlage einlogged. Tun Sie das nicht! Man wird Ihre Favoriten Disco Classics, Motown Songs, ABBA und Donna-Summer-Evergreens – oder noch schlimmer: Best of Musical – auf Shuffle einstellen und am Ende des Tages wegen Ihres altmodischen Musikgeschmacks mit Fingern auf Sie zeigen und nach Ihnen spucken. Das Beste ist, Sie überlassen die Musikauswahl dem Fotografen.

Damit sind Sie aus dem Schneider.

Nun beginnt das Posing. Die leichteste Sache der Welt. Man muss einfach so tun, als würde die ganze Veranstaltung Spaß machen. Vorgeben, man habe die Zeit seines Lebens und ginge es total relaxed an. Pobacken zusammenkneifen, den Bauchnabel wie einen Druckknopf an der Wirbelsäule arretieren, das Objektiv wie einen lieben Freund anschauen und sich imaginär gegen eine nicht vorhandene Wand lehnen. Zeigen Sie Haltung.

Eine Mischung aus Selbstverleugnung und Größenwahn, wie sie normalerweise Dragqueens und dem Papst vorbehalten bleiben, ist die richtige Attitüde. Bei gewissen Transvestiten geht die ganze Karriere auf einen seltenen Chromosomendefekt zurück, der dafür sorgt, dass sie sich trotz 2,10 Meter Größe und einem Bauarbeiterkreuz für ein Fräulein halten. Was die können, können Sie auch!

Auch wenn das Kleid hinten offen ist, die Schuhe drei Nummern zu groß, der Busen ins Kleid eingenäht und Ihre Haare Eigentum des Stylisten sind: Sie waren nie glamouröser als heute! Innere Leere wird Ihnen an diesem Punkt zum Vorteil gereichen. Dann kann man in Ihren Blick alles hineinprojizieren.

Nach siebzehn Minuten heißt es »Pause«.

Der Fotograf bricht erschöpft zusammen.

Set und Lighting werden umdekoriert, und man führt Sie zur Lounge-Sitzgruppe, aus der Sie ohne fremde Hilfe nie wieder hochkommen werden. Die Praktikantin eilt mit Pantoffeln herbei und kredenzt für Sie Meeresfrüchtesalat mit Feigen, glasierte Miniatur-Limonen-Meringes, geeisten Hibiscus Tea, Avocado-Dips und filetierte Mangos an Schokoerdbeeren mit einer Selektion der delikatesten Wraps. Es ist dieser Moment, der Sie glauben machen wird, Sie wären tatsächlich die Person, die Sie immer sein wollten. Ihr Wunsch ist Befehl! Champagner? Pfefferminztee aus frischen Blättern mit Ingwerstücken? Caramel Iced Frappuccino Grande? Alles kein Problem. Sie phantasieren, wie schön Ihr Leben sein würde, wenn dieser Service Ihnen immer zur Verfügung stünde und warum Sie keine Haushälterin haben, die all dies für Sie täglich bereithält. Denn alles ist möglich – wie man sieht. Jetzt werden die iPhones gezückt und Glamourfotos der glücklichen Crew mit Ihnen gepostet.

Jetzt sind Sie wie Paris Hilton.

In dem Moment klingelt Ihr Handy und der Gerichtsvollzieher/Steuerberater/Bankdirektor/Hauswart – jemand aus

Ihrem wahren Leben – oder eines Ihrer Kinder ist dran. Sagen Sie einfach, wie wahnsinnig gestresst und angestrengt Sie sind und dass Sie um acht Uhr wieder zu Hause sind, um wie versprochen den Fahrradkeller auszumisten und das Altglas zu entsorgen. Dann einfach einhängen. Lassen Sie sich nicht den schönsten Tag Ihres Lebens versauen.

Ich glaube, das menschliche Gehirn gewöhnt sich an nichts schneller als an Luxus. Man nehme einen Obdachlosen, der seit zehn Jahren auf der Straße lebt, und mache mit ihm drei Fotoshootings. Beim vierten würde er sagen: »Ich glaube, Louboutins sind nicht das Richtige für mich und im Übrigen: Wo bleiben meine vegetarischen Kaviartorteletts? Los, jemand soll sie mir besorgen!«

Nach dem Fotoshooting müssen Sie sich nur noch ein paar Wochen gedulden, und wenn Ihre Fotostrecke dreimal verschoben wurde und das Magazin erscheint, haben Sie den offiziellen Nachweis erbracht, dass Sie genauso gut aussehen wie Kylie Minogue. Halten Sie sich in der Woche, wo das Heft draußen ist, kühn in der Nähe von Kiosken auf. Ja, dort hängen Sie: zwischen Jessica Simpson und dem Container-Mann vom *Big-Brother*-Haus, der Jenny Elvers geschwängert hat.

Während Sie sich betrachten, klafft vor Ihnen ein Abgrund auf: Fälschung und die Kraft der Fiktion – mit Ihnen als Medium! Die digitalen Korrekturen haben Ihnen die Hände eines Babys verliehen. Ihre muskulösen Beine sind zwei schmale Spargel geworden und Ihr ganzes Gesicht sieht zweidimensional aus, als wäre es auf einem Teller aufgemalt. Ihm fehlt jegliche Tiefe. Die Augenringe sind endlich weg. Aber es wurden auch die Stellen an Ihnen ausradiert, die perfekt sind und auf die Sie immer stolz gewesen sind. Aber dafür sind die geröteten Äderchen an der Nase und die kleine Aknenarbe am linken Ohrläppchen erhalten geblieben. Daran wird man Sie erkennen!

Photoshop ist besser als Cosmetic Surgery. Denn Magazincover bilden nicht die Wirklichkeit, sondern Träume ab! Cover sollen nicht darstellen, wer Sie wirklich sind, sondern sie sollen verkauft werden.

Keine Sorge – die Realität hat Sie wieder, wenn Sie abends nach Ihrem Glamour-Fotoshooting unter der Dusche stehen und die angeklebten Wimpern aus Ihrem Abfluss herausklauben. Wenn Sie sich bücken, um die handgeknüpften »Lashes« aus dem Rohr zu popeln, bricht Ihnen garantiert ein Acrylnagel ab.

Die Politik niedriger Erwartungen hat Sie wieder!

7

ICH HASSE SHOPPEN – oder
Offener Brief an alle homosexuellen Couturiers!

Frauen wissen instinktiv um die Bedeutung ihrer Erscheinung. Wenn man einen Raum betritt, kommuniziert man schon durch die Wahl des Outfits, bevor man den Mund aufmacht. Die nonverbale Botschaft teilt bereits mit, wie wir uns selbst einordnen – oder zuordnen möchten.

Und doch geht dabei vieles schief. Und zwar mehr, als man glauben möchte. Denn Mode hat einen großen Nachteil: Leider schaut oben immer der Kopf raus. Und dieser Schädel ruiniert oft den schönsten Entwurf. Jede Menge Kleider sehen am Bügel einfach besser aus als dreidimensional ausgefüllt und gekrönt vom hohlen Grinsen ihrer Trägerin.

Nicht nur lassen wir uns bereitwillig durch unsere Kleidung einordnen, sondern wir werden auch danach bewertet. Meine innere Stimme sagt mir manchmal: Schade, dass ich falsch angezogen bin für dieses liberale Statement, was ich eben von mir gegeben habe! Hätte ich doch bloß meine Tigerleggings und das Ed-Hardy-T-Shirt mit der grünen Philipp-Plein-Jacke an statt die Cordsamt-Collegejacke mit dem Emblem und meine Budapester Schnallenschuhe, dann würde man mir eher zuhören. Der ganze Swarovski-Strass hat auch viel kaputtgemacht. Er stellt einen in eine Ecke mit Dieter

Bohlen und Carmen Geiß. Also eher die mediengeile Lachnummer oder die Witzfigur ohne Stil.

In weitreichenden Kreisen wird einem in strassbesetzter Glitzermode nicht mal Gehör geschenkt, während manche darauf ganze Medienkarrieren aufbauen. Sobald irgendetwas bloß billig funkelt, findet es einen riesigen Markt – aber man schießt sich dafür auf seriösem Terrain definitiv ins Aus. Und vor Gericht sowieso. Nur wenn man selber Swarovski heißt, dann wird man wieder eingeladen.

Mein Kleiderschrank beinhaltet allerdings die gesamte Palette dessen, was zu haben ist: von Couture bis Trash – denn Kleidung ist immer VERkleidung. Ob Landhausmode oder Partykleider, immer streift man eine Rolle über. Und wenn ich etwas geschenkt bekomme, behalte ich es auch. Kann ja sein, dass ich mal eine Verrückte auf der Bühne darstelle oder es auf dem CSD-Wagen vorführen kann. Aus all diesen Gründen liebe ich den Strand und Bikinis so sehr: Dort, wo man einander in Flip-Flops und Pareo begegnet, fällt die ganze Maskerade flach. Man kommt schneller auf den Punkt. Und halbnackt erkennt man viel besser, wen man vor sich hat.

Es gibt ja auch eine gewisse Gesellschaftsschicht, in der ist es bereits verpönt, modisch zu sein. Aber ohne geht es nun mal nicht. Und wer die Mode als solche verachtet, erteilt nicht nur eine Absage an Kreativität, sondern zeigt Arroganz. Man hat es dann eben »in unseren Kreisen« nicht nötig, modische Trends aufzugreifen ... Was ist die Alternative? Sehr einfach: erstarrte Uniformierung ohne Wandel. Welch ein Verlust von Zivilisation, der »Sprache der Mode« die kalte Schulter zu zeigen.

Das Talent, diese Sprache zu sprechen und mit ihr zu spielen, ist allerdings nicht jedem gegeben. Doch selbst aus dem modischen Experiment kann etwas Neues entstehen. Es ist wie in der Musik: Wer sich als untalentiert erweist, wird Misstöne produzieren. Allerdings gibt es inzwischen jede Menge hochgradig untalentierte Modedesigner, die trotzdem Karriere machen – dank der Medien. Denn was Verbreitung findet, wird nachgeäfft und am Ende konsumiert. Auch wenn es die Kundin fett und hässlich macht. Irgendwo hocken immer ein paar Idioten, die drauf anspringen und kein Qualitätsbewusstsein haben.

Dabei ist OHNE Mode die Entfaltung und Kultivierung unserer persönlichen Note gar nicht denkbar. Man kann durch Mode so viel mehr ausdrücken, als Worte es einem ermöglichen könnten. Und in der Haltung zu uns selbst reflektiert sich auch die Achtung und Empathie, die wir anderen schenken.

Ich sollte wirklich von all meinen Outfits Polaroids bei mir tragen, um meine jeweiligen Argumente mit dem passenden Look untermauern zu können. Dann kann man ja immer das entsprechende Foto zücken und zum Rock'n'Roll-Statement die angesprayte weiße Lederjacke zeigen.

Das falsche Outfit zu tragen wirkt sich jedenfalls demoralisierend auf uns aus – zumindest wenn man über entsprechende Sensibilität verfügt, Atmosphären und Stimmungen zu erspüren. Hier kann die falsche Wahl der Kleidung das ganze Leben ruinieren. In einer Haremshose und Tigerstilettos zur Jagd zu erscheinen wäre gesellschaftlicher Harakiri.

Betrachten wir die Angelegenheit doch mal anhand einer Umfrage von Amnesty International: Danach waren in Großbritannien noch im Jahre 2005 rund 25 Prozent der Menschen der festen Überzeugung, dass eine provokant gekleidete Frau selber schuld ist, wenn sie vergewaltigt wird. Was als »provokant« empfunden wird, kann aber bei Nudisten auch der hochgeschlossene Rollkragenpullover sein. Frauen haben begriffen, dass sie sich fünfmal am Tag umziehen müssen, wenn sie immer passend gekleidet sein wollen. Denn was bleibt der Chefin einer Vorstandsetage oder der Anwältin im grauen Karrierekostüm übrig, wenn sie nach dem Büro mit dem Sohn zur Kletterwand zum Kraxeln will, danach schnell noch das Bad putzt, Abendessen kocht und anschließend in die Oper geht?

Niemand wird in einem Büro für voll genommen, wenn er unpassend gekleidet ist – oder nicht zumindest das Bemühen erahnen lässt, sich passend anzuziehen. Frauen in Jeans, Turnschuhen und Joggingjacke werden bei einer Bank nicht befördert. Männer in Jeans, Turnschuhen und Joggingjacke schon. Erstaunlicherweise entscheidet also die Kleidung darüber, was mit uns als Nächstes passiert. Was aus uns in Zukunft werden wird. Wohin die Reise geht.

Und da müssen wir Frauen noch Spott ertragen, wenn wir morgens ratlos den Kleiderschrank durchwühlen, um zu dem Fazit zu kommen: »Ich habe nichts anzuziehen.« Wir fällen doch Tag für Tag mit der Wahl unseres Outfits schon eine weitreichende Entscheidung, bevor wir das Haus verlassen.

Und in der Partnerwahl sieht es nicht anders aus. Wer sich für Männer anzieht, folgt völlig anderen Statuten. Nein, wir haben keine Nervenzusammenbrüche vorm Kleiderschrank, weil wir Stilikonen oder Victoria Beckham sein wollen, sondern weil wir den Spießrutenlauf des Alltags unbeschadet überstehen wollen. Denn was wir mit unserem persönlichen Stil ausdrücken, ist eine sehr intime Konversation. Wir wollen verstanden werden. Und mit der täglichen Version unserer ganz persönlichen Message fordern wir zum Dialog auf. Wer die Sprache der Mode beherrscht, vermag dadurch mit dem Herzen zu sprechen.

Es gibt Lieblingsteile, mit denen wir uns identifizieren. Das ist eine Art Basisgarderobe, die wir aufpeppen oder variieren können, die zum Klassiker werden und mit denen wir nie falschliegen. Hier zeigen sich Stilgefühl und Raffinesse. Es ist die Phantasie und das Geschick, unsere Persönlichkeit zu unterstreichen.

Aber jene, die sich rühmen können, das Talent zur Stilikone zu haben, schauen stets auf all die anderen herab, die hilflos im verpatzten Look rumrennen. Prominente weibliche Politiker werden auf den Hochglanzseiten der Magazine für ihr peinliches Outfit und das falsche Paar Schuhe, das sie zum Abendkleid gewählt haben, verspottet und als Flop und Niete vorgeführt. Aber egal, was Angelina Jolie trägt, wenn sie aus dem Flugzeug steigt, es wird als Trendsetting abgefeiert. Selbst wenn sie sich den Männerpulli von Brad um den Kopf wickelt, weil sie Migräne hat.

Man sollte Mode nicht so ernst, sondern viel spielerischer nehmen – wissend natürlich, dass es ein Spiel ist, bei dem man verletzt werden kann. Und zwar ernsthaft. Wie beim Skilaufen oder beim Reiten. Die Opfer sind zahlreich. Dies zu wissen sollte genügen, um zu akzeptieren, dass die Auswahl des Outfits ein von Hoffnung getragener Versuch ist, dass der bevorstehende Tag ein möglichst gutes Ende finden möge. Ebenso wie die Angewohnheit, trotz aller Skepsis morgens das Horoskop zu lesen. Man weiß, dass man der Sache nicht wirklich Glauben schenken sollte, aber man kann dem Unsinn auch nicht widerstehen. Ein Shoppingtag ist deshalb ein Akt, der unser Schicksal besiegeln kann. Kein Wunder, dass die Modeindustrie in Deutschland jedes Jahr Milliarden

Euro umsetzt. Und kein Wunder, dass jede Frau in der Vorahnung eines wichtigen Ereignisses sich selbst die Stimmung vermasselt, indem sie verzweifelt aufschreit: »Aber was soll ich dazu anziehen?«

Wenn wir sagen: »Ich habe nichts anzuziehen«, meinen wir damit nämlich: »Ich besitze kein Kostüm, was zu meiner heutigen Rolle passt!«

Es ist wirklich nicht leicht, Klamotten zu finden, in denen man glücklich sein kann. Mode macht nicht glücklich! Ganz im Gegenteil. Mode ist bestens geeignet, uns den Alltag und das Leben richtig zu vermiesen. Schon oft ging ich zum Shoppen – und kam statt mit einem wirklich attraktiven Kleid nach einem dreistündigen Shoppingtrip mit einer gemusterten, herabgesetzten Strumpfhose, einem faltbaren Hackbrett, einem Messerset und Sportsocken für meinen Sohn zurück.

Denn alles, was man findet, ist zu kurz, zu lang, zu eng, zu billig, zu schlecht verarbeitet und für Frauen konzipiert, die nur virtuell existieren. Man steht in einem gigantischen, hell erleuchteten Store mit Millionen von Teilen und findet absolut gar nichts.

Die Mehrzahl aller Klamotten hat ja neuerdings nicht mal mehr Ärmel. Gratulation Modeindustrie! Würde ich auch weglassen, wenn ich dabei Millionen einspare, weil ich kein Material und keinen Schulterschnitt, geschweige denn Polster und Abnäher brauche. Die Modemafia hat vor zehn Jahren schleichend angefangen, die Ärmel wegzulassen. Es wurde uns verboten, unsere Oberarme, Schultern und Ellenbogen zu verhüllen. Weil es Kosten spart! Und damit Personal. Denn das Kleid ohne Ärmel ist früher fertig!

Eine Milchmädchenrechnung!

Wenn man uns Ärmel und sorgsam ausgearbeitete Bustiers geben würde, die zu unserem Oberkörper passen, dann würde sich der Verbrauch von Stimmungsaufhellern der Pharmaindustrie innerhalb eines halben Monats halbieren! Unsere emotionalen Bedürfnisse modisch zu berücksichtigen – das wäre das Ende von XANAX! Ja, sie stecken alle unter einer Decke. Ich finde, Mode- und Pharmaindustrie sollten fusionieren! Denn ein Tag voller Fittings ist ohne Tranquilizer nicht zu überstehen. Weil es ja auch so hirnlos ist, was man tut. Schließlich haben wir ja schon alles. Früher war es ein Fest, sich ein neues Kleid zu kaufen, heute ist diese Aktion bestens geeignet, einem den Tag zu versauen. Ich hasse einkaufen! Und zwar seitdem die Einkaufszonen von den Billiganbietern übernommen worden sind. Denn hier geht es nicht um uns oder um unsere Figur.

Wir sind das Allerletzte, was in der Fashionindustrie zählt!

Solange wir noch Nähmaschinen hatten, zu einer Schneiderin gingen, eine Directrice das Complet für uns abgesteckt hat, war alles, was wir trugen, ein ehrlicher Ausdruck dessen, wer wir sind oder sein wollen. Es wurde geschneidert, damit die Kundin sich wohl fühlt, sich etwas leistet und schöner aussieht. Die Schneiderin hat unseren großen Busen betont und dafür gesorgt, dass der schmale Rock die Oberschenkel sanft umspielt.

Jetzt sollen die Sachen nicht zu uns passen, sondern wir sollen in die Sachen passen. Seit der Ankunft der Massenmarktmode passt kein einziges Exemplar zu der Kundin, die es kauft. Alles, was bei Topshop, Primark, Mango, Zara, H&M und und und hängt, wurde für eine komplett imaginäre Frau konzipiert – eine Frau, die nur als Idee im Kopf des homosexuellen Designers existiert, der den Körper seines Mediums, nämlich der Frau, nur vom Hörensagen kennt. Der den Brustansatz, die Problemzonen, Gesäßfalte, Rückenfett, die Arschbacken, die Hals-Rücken-Linie, den Nacken, die Oberarme einer Frau das letzte Mal berührt hat, als er Säugling war. Der sich in diese Teile des Körpers einer Frau niemals verliebt hat. Der das obere Ende der Beine einer Frau niemals begehrt und verschlungen hat. Der die entscheidenden femininen Rundungen und Kurven erfolgreich aus seiner Biographie verdrängt hat. Tja. Wen wundert's? Wir werden von Designern ausgestattet, die mit unserem Körper so wenig wie möglich zu tun haben wollen. Die mit dem Medium Frau ausgesprochene Berührungsängste haben. Die dringend Nachhilfe benötigen, weil ihnen die anatomisch bedingten Rinnen und Furchen des weiblichen Körpers in keinster Weise geläufig sind. Die aber dennoch Teile designen, die zweidimensional als Skizze ansehnlich sind und auf dem Kleiderbügel bling-bling machen. Die jedoch komplett versagen und scheitern und als Outfit ihre große Niederlage erleben, wenn man sie vom Bügel nimmt, ausfüllt, sich damit bückt, setzt, reckt, streckt, hinlegt oder wenn man hinten die zweiunddreißig Knebelknöpfe schließen soll. Hosen, in denen man sich hinsetzt, haften in der Kniepartie und am Arsch und rutschen von selber nicht mehr am Bein herunter, ohne dass man sie glatt zuppelt, denn das Futter klebt auf der Haut – Leggings zeichnen sich im Schritt ab und spalten sichtbar die Schamlippen – Kostümröcke rutschen beim Sitzen bis zum Schritt hoch – Dekolletés erlauben nicht mehr, einen BH zu tragen. Falsche Schnittführung beweist, dass der Designer von der Anziehungskraft der Erde keinen Schimmer hat – Nylonnähte scheuern am Steißbein, bis der Popo wund ist – Knöpfe sind für das asiatische Knopfloch entweder zu klein oder zu groß – und in knallengen Bleistiftröcken reißt der

Schlitz, wenn wir uns nach dem Mülleimer bücken. Aber in 70 Prozent aller Fälle nehmen wir das Teil trotzdem. Aus Verzweiflung.

Normalerweise leben wir in Klamotten, die wir uns anders wünschen würden und in denen wir uns gar nicht wohl fühlen. Weil wir froh sind, dass wir überhaupt etwas gefunden haben. Es geht nur noch um das geringere Übel. Wenn es nur hinten zugeht, dann ist es ja schon in Ordnung. Wir leben allesamt in Kompromissen. Der größte Kompromiss ist die Mode, die wir tragen. Wir wissen, dass wir nicht wirklich ein optimales Outfit gefunden haben, anders aussehen als geplant, aber was soll's, nehmen wir's halt mit. Der andere Scheiß in unserem Kleiderschrank passt ja auch nicht richtig.

Bekommen wir ein Kompliment, erwidern wir:»Ich wünschte, das Kleid wäre etwas länger« –»Diese Hose habe ich mir schon zweimal ändern lassen müssen« –»Die Farbe ist mir eigentlich zu hell« –»Hier habe ich alle Knöpfe ausgewechselt« –»Das Futter musste ich rausschneiden, weil es sich immer verdreht hat« –»Den Kragen habe ich mir selber angenäht«. Weil die Sachen, um überhaupt zu funktionieren, alle erst mal korrigiert werden müssen.

Weil natürlich alles für eine hypothetische Person angefertigt wurde, noch dazu von asiatischen Kindfrauen aus Burma, die gar nicht wissen, was ein Becken ist, wie eine Hüftlinie geschnitten sein muss, weil sie ja selber in ihrer Kultur noch nie Hüften kennengelernt haben.

All diese Multifunktionsschnitte funktionieren eben nicht an einer dreidimensionalen, lebenden, echten, atmenden Frau, die sogar noch – oh Schreck – Körperwärme absondert und Auto fährt. Körperwärme, die zur Folge hat, dass das Material reagiert und sich unvorhersehbar verhält. Ausbeult zum Beispiel. Oder größer wird. Im Schritt haften bleibt. Kein Wunder, dass die orangenen, neonfarbenen, gebatikten, nudefarbenen Catsuits aus der vorletzten Saison trotz siebzigprozentiger Reduzierung immer noch am Kleiderständer hängen und keiner sie haben will. Weil die Fantasy-Frau, für die sie designed wurden, nie kam, um diese Teile zu kaufen, da sie nur abstrakt im Kopf der Designer herumspukt und nie real war ...

Hört auf, Mode zu entwerfen für Frauen, die nicht existieren!

Welche Frau rennt schon im Dalmatinerprint auf Plateau-Highheels dem Bus hinterher? Denn diese Frau, an welche die Couturiers denken, wenn sie designen, gibt es ja gar nicht. Das ist ein operiertes Kindweib à la Sarah Jessica Parker mit anorektischer Figur und angeschraubten Titten, die privat auch nur Jogginganzug und UGGs trägt und diese Figur, die sie darstellt, nur vor der Kamera lebt, wenn sie Drehtage hat. Weil sie dafür Millionen bekommt. Ohne dieses Konzept würde sie die schrillen Outfits doch gar nicht anziehen. Es ist eine große Show, die in dem Moment beendet ist, wo der Spot ausgeht. Im echten Leben regnet es aber oder man muss bei Wind und Wetter Schlange stehen, um an einen Döner zu kommen. Dabei will ich weder die bestickte Haremshose tragen noch das Latexdirndl mit dem Federschmuck am Arsch oder den Jumpsuit mit nur einem einzigen, asymmetrischen Ärmel aus buntbedrucktem Gardinenchintz. Und der Rote Teppich ist eine Maskerade und oftmals leider auch eine Geisterbahn. Es ist wie ein Rummel, bei dem man sich als Schießbudenfigur aufbrezelt, um eine Gaudi zu haben, damit es im Print gut rüberkommt.

Macht uns doch einfach schöner. Das ist schwer genug als

Aufgabenstellung. Dieser schlichte Gedanke, mit Mode unserem Wohlbefinden und unseren Bedürfnissen zu dienen, kommt den homosexuellen Couturiers gar nicht. Ist es die Rache der schwulen Designer an den Frauen? Was steckt dahinter, dass wir als Mittelpunkt und humanes Material der Fashionindustrie in unseren Bedürfnissen ignoriert werden? Wir werden doch gar nicht schöner durch das, was ihr uns andreht. Wir werden nur irre gemacht. Und verarscht. Und müssen anschließend wieder unsere Beruhigungspillen nehmen. Es heißt immer, die Sachen wären »der Waaahnsinn« – ja, auf einem Foto vielleicht. Weil ein ganzes Stylistenteam zwanzig Minuten experimentiert, bis eine Lage gefunden wird, in der das Modell gut rüberkommt. Ich verrate Ihnen was: Wenn Sie sich beim Anprobieren in Gesellschaft anderer vor einem Spiegel ertappen, wie Sie »posen«, das heißt, den besten Winkel suchen, damit das Teil bei unnatürlich eingezogenem Bauch, verdrehter Taille, schräg diagonal positioniert, einigermaßen erträglich aussieht, schmeißen Sie es in die Tonne. Kaufen Sie es auf keinen Fall. Denn SO gehen Sie nicht durchs Leben. Wenn ich schon sehe, dass sich jemand vorm Spiegel windet und dreht wie eine Schlange, dann noch verzweifelt die Haare auf den Oberkopf hochzwirbelt, um irgendwie die Halspartie zu verlängern, ist das Outfit gescheitert.

Das ist weder »mysterious« noch »sexy«. Es ist »verzweifelt« und besser geeignet für die psychosoziale Betreuungsstation. So was will keiner tragen und es hilft uns nicht. Erfindet doch Sachen, die uns schön und glücklich machen. Warum immer diese Karnevalskostümierung, die eine Frau als menschliches Wesen gar nicht ernst nimmt? Wir leben auch nicht dauerhaft in Partykleidern. Wir nehmen Kinder auf den Arm, bücken uns, um eine Nase zu putzen, heben die heruntergefallene Applikatorenhülle hinter der Toilette auf, gehen in die Knie, um Zwiebeln und Kartoffeln aus dem Eimer zu holen, ziehen uns an einem Treppengeländer hoch, gehen an den Kühlschrank, suchen Bücher unterm Bett, fahren Auto, stehen auf einer Leiter, weil wir unseren Kristalllüster putzen, oder sind im Garten und zupfen Blätter aus einer Hecke. Das Leben ist doch kein Tableaux! Designed gefälligst Sachen, in denen wir im wahren Leben gut aussehen. Und nicht Sachen, in denen man stillstehen muss, um zu posen und sich für Facebook knipsen zu lassen. Diese Weiber, die sich da selber im Spiegel dick angemalt und ausstaffiert fotografieren, um ihren statischen Look zu posten, haben einfach kein anderes Talent. Mode sollte ein Glücklichmacher sein. Dieser Aspekt ist euch längst abhandengekommen. Dabei ist es der Ursprung des ganzen Metiers.

Millionen Frauen sind in PVC-Leggings steckengeblieben und haben in Primark-Umkleidekabinen unter blauem Neonlicht suizidale Tränen vergossen. Ich sage euch eins: Ich habe die Konsequenzen gezogen. Ich mache das schon lange nicht mehr mit und gebe für Mode so wenig wie möglich aus. Mode nimmt auf meinem Haushaltsgeldzettel den letzten Posten ein. Denn Mode ist nicht mehr wert! Ich habe meine schwarze, blickdichte Strumpfhose mit schwarzen Stiefeln immer dabei und nehme nur noch Kleider, in denen ich vorm Spiegel nicht posen muss, sondern in denen ich anfangen will zu tanzen! Denn Fashionmagazine belügen uns. Sie würden niemals sagen:»Wenn ihr euch dieses überflüssige Teil nicht leisten könnt, dann kauft es nicht – ihr braucht es doch gar nicht!« Nein! Sie sagen, das müsst ihr haben und wir wollen, dass ihr euch dafür ruiniert! So verhalten sich Dealer!

Lasst euch nicht missbrauchen von dieser Mafia!

Es ist für eine Frau nahezu unmöglich, in einem kniekurzen Fünfziger-Jahre-Kleid mit Ärmeln und einer kleinen Strickjacke schlecht auszusehen. Bei guter Figur ist das Kleid schmal, bei schlechter Figur hat es einen dezenten Petticoat. Genau wie ein Dirndl. Das weiß auch Michelle Obama. Lasst es uns eine Lehre sein. Was ihr steht, steht jeder Frau, denn Michelle Obama besteht aus Problemzonen. Und das Schönste, was sie hat – ihre Oberarme, ihr intellektuelles Gesicht, ihr Gewinnerlächeln –, das zeigt sie. Alles andere bleibt im Verborgenen oder wird geglättet.

Wenn es nur ein einziges Outfit gäbe, in dem ich überleben müsste, dann wäre das eine schwarze Hose mit hoher Taille und einem beträchtlichen Lycra-Anteil. Darin sehen Arsch und Oberschenkel winzig aus. Ich finde, der Staat sollte dies amtlich allen Bürgerinnen mitteilen, dann wäre Deutschland zivilisiert gekleidet. Die individuelle Note drückt sich dann durch die Wahl des Oberteils aus. Mit einem Gürtel hat man zur besseren Orientierung eine klare Trennungslinie, die sogar erlaubt, darüber zu fabulieren, wo man denn nun fetter ist: Oberteil oder Unterbau? Von dieser Basis ausgehend, besorgen Sie sich einfach was in Gold, was in Silber und was in Rot. Strickjacken, Blusen, Paillettenteile, Jumper.

Kaufen Sie aber niemals etwas, wo drinsteht: Dry Clean Only. Bei den heutigen Dienstleistungspreisen haben Sie nach zweimal Reinigung ein neues Outfit raus. Reinigungen kosten Zeit und Geld. So schön kann gar kein Kleid sein, dass es rechtfertigen würde, fünfzig Euro hinzublättern, nur damit es sauber ist. Schonen Sie solche Kleider, platzieren Sie eine Serviette auf den Schoß oder legen Sie beim Geschlechtsverkehr einen Paschmina unter.

Egal aber, wo Sie einkaufen, kaufen Sie niemals bei Ulla Popken! Danach gibt es kein Zurück mehr zur schmalen Silhouette. Und Sie wollen ja nicht aussehen wie Harald Glööckler!

Ich kann allen schwulen Designern nur raten: Fangt endlich an, euch mit den Körpern der Frauen, die ihr erfolgreich aus eurer Biographie verdrängt habt und die euch in keinster Weise geläufig sind, anzufreunden. Sonst fliege ich euch das nächste Mal, wenn ihr den Lufthansa-Airbus nach Übersee nehmt, als Pilotin persönlich über den großen Teich. Die Sachkenntnis von der Materie macht dann nämlich keinen Unterschied.

8

Maniküre als MUST

Ein Look von der Stange, selbst wenn es Chanel wäre, ist der Feind jedes individuellen Stils. Der größte Fehler, den eine Frau machen kann, ist es, in den Spiegel zu schauen und dort nicht ihre beste Freundin zu erkennen. Deshalb laufen auch auf Events, dem roten Teppich und in teuren Fashion Malls so viele Leute rum, die Couture tragen und darin trotzdem nach nichts aussehen. Ein geliehenes John-Galliano-Kleid macht die Frau nicht schöner, wenn sie nicht von sich aus dafür die idealen Maße, die Haltung und den passenden Kopf mitbringt. Doch Einmaligkeit kann man eben nicht kaufen. Von denen, die daran trotzdem glauben, lebt jedoch die Modeindustrie. Da sollten wir alle den schönen Russinnen dankbar sein, die uns perfekt vorführen, wie diese Mode eigentlich in ihrer Wirkung an der Kundin gedacht ist.

Das Schöne ist – und hier möchte ich meiner Leserschaft neue Türen öffnen: Für guten Stil ist man nie zu alt! Im Gegenteil – es ist die große Chance, sich all dem zu widmen, was vielleicht zu wenig Beachtung fand, als man jünger war. Im Laufe eines ganzen Lebens keinen persönlichen Stil zu entwickeln bedeutet, stilistisch nicht gelebt zu haben. Und das ist schlicht keine Option. Hektik, Haushalt, Stress, Kinder, Finanzen, Karriere, Putzarbeiten, Prozesse, Wartezeiten an Flughäfen ... All das sind Zeitfresser, die darin resultieren, dass wir uns in den besten Jahren auf Jeans und graue Kostüme beschränken.

»Zwanglosigkeit« in der Mode war anfangs ein Befreiungsschlag, aber die sogenannte »Lässigkeit« mündete in den Jogginganzug als Grundgarderobe. Der Gammellook ist indessen unter der Maxime der »Bequemlichkeit« Standard geworden.

Wer im Alltag prinzipiell zu der Hose mit dem Stretchbund greift, hat die Kontrolle über sein Leben verloren.

Und das geht schneller, als man glaubt.

Jogginganzüge und Badeschlappen werden von beleibten Touristen inzwischen nicht nur auf Reisen, sondern schon in der Oper getragen. Ich empfinde das als genauso unzivilisiert wie das zwanghafte Modediktat, immer dem Look der Saison entsprechen zu müssen. Es gibt ja Menschen, die empfinden sich als die Modepolizei und drohen, einen ins Fashionvictim-Gefängnis zu stecken, wenn man eine Handtasche aus der letzten Saison trägt. Ja, die Modeindustrie bringt jede Menge Opfer hervor und versteht es uns zu suggerieren, es sei besser an Kaschmir als an Gott zu glauben.

Hört doch endlich auf, immer dem hinterherzulaufen, was ihr nicht haben könnt. Der verzweifelte Versuch, immer jung auszusehen, macht erst recht alt. Warum kümmern sich die wenigsten um Charisma und Persönlichkeit? Anti-Aging ist doch total Achtziger.

Da gibt es doch viel einladendere Dinge, um unser Wohlbefinden aufzubauen, statt sich für ein Kleid zu ruinieren, das wir einmal im Jahr anziehen können. Das, was zur täglichen Routine gehört, ist hingegen das A und O des positiven Lebensgefühls. Ich wünschte, wir wären hier so weit wie in NYC, wo es mehr »Quick maintenance«-Läden gibt als Zeitungskioske. Da geht man rein, wenn man sich wirklich rundum schäbig fühlt, und kommt raus, poliert wie Cinderella. Wirkt auch hundertprozentig bei emotionalen Talfahrten, Depressionen oder Überarbeitung. DER Wellness-Trick bei miesem Wetter. Für mich sind diese kleinen, meist koreanischen Läden das reinste Lebenselixier. Unsere europäischen Kosmetikerinnen sind zwar spezialisiert und nehmen ihre Sache ernst, aber sie bieten nicht diesen Rundum-»Waschstraßenservice«. Einmal durch die Schleuse gejagt, sieht das Leben nach sechzig Minuten gleich ganz anders aus. Für hundert Dollar kriegt man in nur einer Stunde ein neues Lebensgefühl – und es funktioniert! Denn das Geheimnis liegt in der Dienstleistungsattitüde. In der Hingabe an die Sache und an die Kundin.

Wenn man das erste Mal diese meist winzigen Asiashops betritt, kann es einschüchternd wirken, denn mit englischer Sprache kommt man dort nicht weit. Einzutreten, zu lächeln und der Chefin zuzunicken reicht jedoch. Geplaudert wird woanders. Die 150 cm große Managerin mit dem schwarzen Seidenhaar wird mit Kinderstimme zwitschern: »*Manicure-pedicure?*« – und man nickt. Mit koreanischem Akzent zwitschert sie weiter: »*Pick color*« und legt eine Palette von dreihundert Schattierungen »*off white*« auf den Tresen. Bis dahin haben Sie vielleicht noch an weiß als eine Farbe geglaubt – jetzt werden Sie entdecken, dass es keine Farbe gibt, die mehr Nuancen aufweist, als Weiß. Von eisigem Blau-Weiß und zwanzig »Snow«-Tönen über die pinken, cremigen

Naturtöne bis hin zum Sepia-Antikweiß werden Sie ratlos zurückgelassen. Schließlich lässt man sich intuitiv leiten und wählt vielleicht »Lemon meringe« und als Akzent »Summerfield«.

Man schiebt die aufgefächerte Palette zurück zu der mandeläugigen Kindfrau ohne Brüste, während man ihren intermediaten Sprachlevel aufgreift: »*This for feet. This for hand.*« »*Why are you talking like that*«, zwitschert sie wie ein Wellensittich. Nachdem man sich also richtig in die Nesseln gesetzt hat, wird man in ein überdimensionales Cockpit geschoben, welches zur Erlebnispediküre einlädt. Ein luxuriös gepolsterter Astronautenliegesitz, der in ein großes Sprudelbecken für die Beine mündet und über diverse elektronische Einstellungen verfügt, vermag ein simples Fußbad zum Event werden zu lassen. Ich komme mir vor wie in einem Ferrari, während ich in den Ledersitzen lagere.

Kaum ist das lauwarme Wasser mit den aromatherapeutischen Duftessenzen eingelassen, trippelt meine persönliche Geisha in Kinderpantoletten Größe 32 herbei und produziert aus nur zwei Vokabeln einen ganzen Dienstleistungsgedanken: »*Magazine okay?*« Ein rollender Zeitungskiosk mit hundert internationalen Ausgaben der französischen, russischen, australischen, englischen, amerikanischen Editionen von *Vogue, Harper's Bazaar* etc. pp. wird herbeigerollt, und man wähnt sich unerwartet im Stadtteilbücherbus. Während man auf der ausklappbaren Ablage das aktuelle Magazin des neuesten Modekataloges aufschlägt, platziert sich eine zweite Asiatin im roséfarbenen Corporate-Identity-Arbeitskittel zur Rechten und klappt ihren Maniküre-Trolley aus der Schleiflackverschalung im Bauch des Liegesitzes unter mir. Sie ergreift mein Handgelenk, legt ihren Mundschutz an und lädt zum Händchenhalten mit dem Morgenland. Kleinasien poliert, pickt, feilt und bufft, dass es nur so flutscht, und ich begeistere mich spontan für den Orient. Hier kriegt man noch was für sein Geld.

Untenherum wird auf flauschigem Frotteetuch mit Skalpell und XXL-Feilen aus dem Handwerkskasten an meinen Füßen gehobelt, gefräst und gerodet, dass sich in mir eine neue Dimension eröffnet: Nie hätte ich geglaubt, was sich an mir alles abschneiden lässt. Nagelhaut und Nägel sind reine Anfängerterminologie. Hermetisch und horizontal werden von der Fachfrau für Podologie orthopädisch-chirurgische Maßnahmen durchgeführt, die ich gediegen als Komplexbehandlung bezeichnen möchte. Die kleine Ting-Tong, so zu lesen auf ihrem Namensschild, muss den Bachelor of Science haben. Ihr Handlungszyklus umfasst therapeutische Eingriffe mit ätzenden Substanzen, welche Hornhautplatten wegschmelzen lassen, Hammerzehen begradigen, Hautschuppen weghexen und unter Verwendung reparativer Hilfsmittel die umfassende Gesamtregeneration meines Fußes vornehmen. Was hier abläuft, nehme ich als Nagelprothetik wahr. Längst habe ich meine *Vogue* beiseitegelegt, um mit offenem Mund meinem Erstaunen über ihre fixe Hornhaut-, Haar- und Clavusentfernung mittels Skalpell, der Formverbesserung meiner Nägel sowie der anschließenden Sanitation, Desinfektion und Sterilisation Ausdruck zu verleihen. Ting-Tong liftet quasi meine Füße.

Als Abschluss der Erneuerung meines Fußstatus erfolgt ein Waden-Waxing mit anschließendem Golden-Sun-Tanning meiner Fuß- und Beinhaut aus der Spraydose für vierzehn Tage. Ich würde – verglichen mit dem Endergebnis – den Ausgangsstatus meiner Füße als deformiert beschreiben. Die flinke koreanische Geisha hat mir mal eben dreißig Jahre weggebügelt. Meine Füße sehen aus wie aus Marzipan. Ich könnte mich umgehend als Fußmodell bewerben oder mir selber in die Zehen beißen, weil sie locken wie ein delikates Petit Four. Es ist wirklich verrückt, dass sich aus meiner maximalen Passivität heraus so viel erreichen lässt! Ich halte ja nur hin. Und wähne mich in einer Therapiesitzung bei Ting-Tong. Mir erscheint diese Selbstfindungseinheit wie ein Vertrauensbildungsseminar im Sommerferienlager, denn ich lege Hände und Füße – alles, was mich trägt und gestalten lässt – in den Schoß fremder Menschen aus dem fernen Asien, deren Aktionen bei einem Minimum an Zeitaufwand optimale Resultate hervorbringen.

Während ich meinen Kopf in die gepolsterte Nackenstütze sinken lasse, beschenkt mich meine ergotherapeutische Podologin abschließend noch mit einer Reflexzonenfußmassage. Die kleinen, kräftigen Kinderhände dieser mir kulturell so fernen Zeremonienmeisterin massieren über die Fußsohlen die gesamten Energiebahnen meiner Organe und aktivieren an den entsprechenden Punkten die Selbstregulation der Heilkräfte meines Nervensystems. Ich halte die kleine Fußpflegerin inzwischen für eine Hexe. Denn Ting-Tong ist mit Zauberkräften ausgestattet. Sie muss okkultes Naturheilwissen besitzen und könnte wahrscheinlich aus meinen Fußsohlen die Zukunft lesen, wenn sie nur über ein Vokabular verfügen würde, das ihren Fähigkeiten und Kenntnissen Ausdruck verleihen könnte. Es dudeln die ganze Zeit amerikanische Weihnachtslieder, von Katzen miaut.

Bevor ich zu mir komme, möchte ich die Zeit anhalten. Ich blinzle versonnen an die Wand gegenüber, an welcher ein riesiges Poster einer zarten Hand mit überlangen, roséfarben geflammten, strassverzierten Fingernägeln prangt. Das Motiv ist übertrieben weichgezeichnet und hält unkorrekt eine Violine. Ich sollte im neuen Jahr doch mal auf die Philippinen fahren, beschließe ich. Meine Nägel sehen gesund und frisch, ja, natürlich und blutjung aus. Der reflektierende Nailpolish wird helfen, den Dreck, Schmutz, Abfall und die Schuppen menschlicher Verwesung zu verbergen, mit der alle Großstadtbewohner überzogen sind. Meine Hände und Füße schenken mir wieder Glauben an das Gute, Wahre und Schöne auf dieser Welt. Schon will ich aufstehen und zahlen. Da zieht meine Manikuristin noch schnell die Wachsstreifen von meinen Unterarmen ab. Haare auf den Unterarmen haben nur noch Neandertaler. Eine Sprühflasche, auf der »Caribbean Breeze« steht, nebelt meine taufrisch polierte Haut mit sanft öligem Glanze ein. Es duftet überall nach Kokosnuss und Hibiskus. Während ich, der älteste Teenager der Welt, mit den neuen Babyfüßen in meine Flip-Flops schlüpfe, beugt mich die Sub-Size-Zero-Geisha vornüber und boxt mir mit gezielten, harten, seriellen Stößen die Nacken- und Schulterpartie ab. Auf ihrem Namensschild lese ich JOY. Sie stemmt ihr Knie in meine Wirbelsäule und presst ruckartig meine Schulterpartie nach hinten. Mehrere Male. Joy penetriert mit manueller Handmassage meine Meridiane. Es knackt. Mit der bewussten Wahrnehmung meiner koordinierten Muskeltätigkeit regt sie meinen Stoffwechsel an und animiert spielerisch mein ganzheitliches Gleichgewicht. Joy hat mich erlöst. Von Stress, Druck, Schmerzen, von denen ich nichts ahnte, und von Verspannungen, die mir bereits normal erschienen. Zaubern können nur Hexen.

Ich schwebe auf die Straße. Ich möchte Bäume ausreißen.

Und ich stehe definitiv auf manuelle Kompetenz. Was kriegt man sonst heutzutage für hundert Dollar? Die 15-den-Fatal-Strumpfhose von Wolford! Die hat statt Zwickel eine handgedrechselte Aussparung im Schritt, ermöglicht leichten Zugang auch im Stehen und ist zumeist nach ihrem ersten Einsatz zerrissen. Meine Pediküre hält vier Wochen!

9

Muttis Gratis-Geheimnisse
ewiger Schönheit

Natürlich weiß ich sehr genau, warum Sie dieses Buch gekauft haben – oder besser: es im Büro von der Kollegin ausgeliehen haben, um es dann an Ihre beste Freundin weiterzureichen:

Sie fragen sich, über welche Geheimnisse ich verfüge, um mit fortschreitendem Alter immer schöner zu werden? »Wie bleibt sie nur so zeitlos jugendlich«, fragt man sich, wenn man einem Idol wie Sharon Stone begegnet. Es ist die falsche Frage. Denn Mrs Stone ist eine Multimillionärin, deren Geschäft darin besteht, gut auszusehen. Fragen Sie lieber mich: Wie kommt es, dass eine alleinerziehende, freiberufliche, schwer arbeitende Künstlerin ohne ein Team von Beauticians, Housekeepern und Diätassistentinnen so attraktiv bleibt wie Madame La Nick?

Nun, ich habe meine Tricks. Und sie unterscheiden sich massiv von den üblichen Phrasen, die immer darauf ausgelegt sind, dass man konsumiert. Empfohlen wird immer nur das, was uns am Ende shoppen lässt. Wellness ist zum Beispiel solch ein Geschäftszweig, bei dem man mit leeren Händen nach Hause zurückkehrt und gleich wieder den Rasen mähen und die Bügelwäsche machen kann. Das wirkliche Leben findet nun mal nicht in der Hängematte statt. Daher sollten wir Wellness dort einsetzen, wo wir tatsächlich aufwachen und einschlafen: bei uns daheim. Investieren Sie lieber in eine neue Matratze anstatt in eine Ayurveda-Kur in Indien, denn die ist nach zwei Wochen passé. Ihre wohltuende Bettstatt aber verschafft Wohlbefinden auf Jahrzehnte.

Beginnen Sie damit, ökonomisch zu denken und die leeren Parolen, die Ihnen eh nicht weiterhelfen, aus Ihrem Leben zu verbannen. Hier sind handfeste Tipps, die keinen Pfennig Geld kosten und Ihnen jenseits der »Ich shoppe, also bin ich«-Hysterie Behaglichkeit verschaffen:

* Gute Gewohnheiten etablieren

Nichts, was Sie sich gönnen, wird seine Wirkung entfalten, wenn es nicht in schöner Regelmäßigkeit geübt wird.

Kennen Sie das, wenn man sich Kleider eine Nummer kleiner kauft, als Ansporn, um sich hineinzuhungern? Ein uralter Diättipp, dessen Spätfolgen darin bestehen, dass ein Kleiderschrank zum Großteil Outfits enthält, die Ihnen noch nie richtig gepasst haben.

Misten Sie alles aus, was nur belastet, Platz kostet und nie getragen wird. Und dann kaufen Sie nie wieder Sachen, die Ihnen gar nicht passen. Sie kaufen einem Liebhaber ja auch keine Kondome, die ein paar Nummern größer sind, in der Hoffnung, dass er hineinwächst.

* Investieren Sie in Unterwäsche

Nichts perfektioniert Ihren Look mehr als die richtige Unterwäsche. Bevor Sie ein neues Outfit kaufen, besorgen Sie sich erst mal hauchdünne Fett-weg-Unterwäsche, auf denen

Ihre Kleidung aalglatt entlanggleitet und von selbst den richtigen Sitz findet. Spanx! Diese Zaubermode der Stars besteht aus formenden Dessous, die Ihrem Körper neue Konturen verleihen.

Ob Taillenformer oder Schenkel-Shaper – Sie werden verblüfft sein, was sich aus den totgeglaubten Departments Ihres Kleiderschrankes für Schätze herausfischen lassen, wenn Sie nur mit den billigen Baumwollslips und ausgeleierten *nude* One-Size-Stretch-BHs aufhören, von denen Sie sich nur nicht trennen, weil Sie denken:»Für drunter geht's ja noch.«

* Hautpflege

Genauso falsch ist es, in bunte Lidschatten und endlose Varianten von Lipgloss-Tönen zu investieren, anstatt in ein makelloses Hautbild. Auch hier ist regelmäßige Routine das Geheimnis, und das bedeutet ein Liebesverhältnis mit Ihrer Kosmetikerin. So viel wertvoller und seltener als ein guter Friseur. Einmal im Monat eine ordentliche Grundreinigung, wenig Sonne, im Sommer Schlapphüte wie eine stolze Italienerin, Wasser statt Aperol Spritz und der beste Jungbrunnen aller Zeiten: der gute alte Nachmittagsschlaf. Natürlich nach Ihrer eigenen Zeitrechnung. Den können Sie immer einschieben, wenn es die Situation erlaubt. Machen Sie einfach das Handy aus und legen Sie sich dreißig Minuten lang hin. Klingt verdammt altmodisch, ist aber ein Gratis-Jungbrunnen, der die Batterien auflädt und Sie frisch in Ihr Privatleben einsteigen lässt. In den dreißig Minuten hätten Sie sowieso nur Dinge erledigt, die sich verschieben lassen oder Gespräche geführt, die man sich eh sparen kann.

Und viel trinken. Mein Arzt sagt immer, ich sei dehydriert. Nun, wir alle dörren zunehmend vor uns hin. Gehen Sie dagegen an. Wenn uns Flüssigkeit fehlt, dann hängen unsere Höcker!

* Nie mehr als zwei bis drei Eingriffe pro Jahr
Ich habe eine Kollegin, die hat sich die Lippen aufspritzen lassen. Danach konnte sie eine Woche lang nicht laufen. Das nenne ich ein straffes Programm!

Einige Frauen erkennt man wirklich nicht mehr wieder, wenn man ein halbes Jahr nicht auf dem roten Teppich war – weil der einzige natürliche Körperteil nur noch der Daumenabdruck ist. Mehr und mehr talentfreie Medienschlampen entscheiden sich ganz bewusst dafür, stilistisch dem Vaginalbusiness zu entsprechen, und wählen den Pornolook. Sie machen sogar mit ihren offensiven Schlüsselreizen, die als Wichsvorlage für die schwächsten Glieder unserer Gesellschaft angelegt sind, noch Karriere.

Und sie beweisen: Über Geschmack lässt sich sehr wohl streiten! Es gibt tatsächlich Möchtegern-It-Girls, die haben sich den Busen so aufpumpen lassen, dass sie von der eigenen Oberweite beim Joggen blaue Augen kriegen.

* Acid washs
Wenn man Geld hat und älter wird, werden einem die fortschrittlichsten Methoden angeboten, um alle möglichen Säuren, Hormone und Filler in die Haut einzuschleusen. Oder sie mit Retin-A zu verbrennen, so dass man, während man im Auto an einer roten Ampel wartet, seine abgestorbenen Hautfetzen in Streifen abziehen, rollen und aus dem Fenster schnipsen kann.

In den USA werden neuerdings sogar Laser auf einzelne Pickel gerichtet, um diese – der Fettzellenabsaugung gleich –

für immer unschädlich zu machen. Es kostet eine Menge Geld, denn es werden dabei schwere Geräte auf die punktuellen Stellen unserer entzündlichen Dermatitis gerichtet, um die Erwachsenenakne bei der Wurzel allen Übels – dem Zellkern – zu packen. Die Photonen werden den Pickel vernichten, aber weil es Photonen sind, die keinen Verstand haben, werden sie nicht wissen, wann Schluss ist, und ein klitzekleines Loch in Ihre Gesichtsknochen brennen. Dort, wo mal Pickel waren, prangt stattdessen eine stecknadelgroße Delle. Aber die Ärzte haben ihren Vertrag gehalten: Der Pickel ist weg!

Natürlich im Wechsel für eine Menge Dollars. Ihr Antlitz ist jetzt also von den Schönheitsexperten mit einem anderen Makel gezeichnet worden. Der einzige Unterschied ist nur, dass Sie dafür zahlen. Vorher war der Makel gratis!

* Sparschwein chemische Reinigung

So wie Suchtgefährdete in Rehakliniken notieren müssen, was sie ausgegeben und gemacht haben, begann ich vor einiger Zeit Reinigungen zu meiden wie Vampire das Kreuzzeichen.

Denn dank meiner Einkommenssteuererklärung stellte ich fest, dass ich jährlich zigtausend Euro für die chemische Reinigung meiner Kleider ausgab. Leichtfertig gab ich alles weg, was schmuddelig aussah oder echte Flecken hatte. Wir haben es leider verlernt, wie man Flecken entfernt, dass man getragene Klamotten zum Durchlüften auf den Balkon hängt, Flanellhosen ausbürstet, Pailletten mit einem feuchten Tuch abwischt usw.

Wir knallen die Kleider auf einen Haufen und schmeißen sie irgendwann weg. Wenn etwas Fäden zieht, reißen wir sie ab. Ich habe mich also ganz bewusst entschieden, prinzipiell nichts mehr zu erwerben, was übermäßig »gewartet« werden muss oder laut Etikett in die chemische Reinigung gehört. Seitdem stecke ich jede Woche einen Hundert-Euro-Schein in mein Sparschwein. Davon fahre ich in den Skiurlaub. Man muss einfach aufpassen, dass man seine Sachen nicht einsaut, sondern pflegt und wartet, selber repariert und googelt, wie man dramatischen Flecken zu Leibe rückt. Die meisten verschwinden schon mit Zitrone oder Feuchttüchern.

Sie haben sich am Ende Ihrer Tage ein herziges Schweizerhäuschen zusammengespart, wenn Sie einfach den Besuch in der chemischen Reinigung auf ein Minimum reduzieren oder ganz meiden. Hier wechselt Geld auf unnötige Weise seinen Besitzer. Behalten Sie es lieber.

* Nicht anziehen, was die Models tragen, sondern sich kleiden wie die Designer selbst!

Nicht jeder hat das besondere Privileg, die Herzen vieler Modeschöpfer erobert zu haben und sich mit Profis über Mode austauschen zu können. Sei es Guido Maria Kretschmer, Michael Michalsky, Wolfgang Joop, Thomas Rath – wenngleich sie sich doch alle derselben Passion verschrieben haben, liegen Welten zwischen diesen Couturiers. Keine Modephilosophie gleicht der anderen, und alle entwerfen sie Outfits für Models in Größe 36 – um sich dann glücklich zu schätzen, wenn die zahlungskräftige, halslose, kurzbeinige Kundin in den High-End-Fashion-Malls die Lacktüten mit den Modellen erwirbt, weil sie glaubt, sie würde dann so aussehen wie die Models. Glücklicherweise gibt es kein Casting für die Endverbraucherin. Wer die goldene Kreditkarte zückt, gehört zum Club.

Niemand sieht aus wie die Profimodels, denn die wiegen 48 kg bei 180 Zentimeter Körpergröße und sind maximal dreiundzwanzig Jahre alt. Was also ursprünglich als Streifenmuster daherkam, wird am Körper der untersetzten, korpulenten Kundin zu einem Wellendessin verzerrt, und bei dem Strickpulli verwandelt sich auf dem Leib der vollschlanken Feinkostgewölbe-Konsumentin das Punktmuster in Quadrate.

Was ich von den Designern gelernt habe, ist jedoch, selber gar nicht das zu tragen, was auf dem Laufsteg präsentiert wird, sondern zu schauen, was die Designer privat anhaben. Was trägt eine Stella McCartney oder eine Vivienne Westwood oder eine Donna Karan, um sich wohl zu fühlen? Einfache, schlichte, schmeichelnde Basics.

Jeder, der mich kennt, weiß, dass mir Mode sehr, sehr, sehr, sehr ans Herz gewachsen und ein Teil von mir ist. Wenn ich könnte, würde ich das Leben einer Modeikone führen und meine eigenen Kollektionen launchen. Aber sie wären eben nicht das Spektakel einer avantgardistischen Fashionshow, sondern sie würden jenen nacheifern, die inspiriert von der Couture für sie und in ihr existieren. Dazu gehören aber die wenigsten. Es ist die kreative Unterrandgruppe einer verschwindend kleinen Minderheit, welche die Bisexualität verabscheut.

Sie sind lediglich die gemeine Endverbraucherin, welche die reduzierte Ware ab Größe 40 auf dem Rundständer – untermalt vom bizarren Kratzen der Metallbügel – verunsichert zur Seite schiebt? Und wieder nicht das Richtige findet? Und selbst wenn, dann stellt sich immer noch die Frage, ob es sitzt?

Fangen Sie mit einem Schwarz-Weiß-Look an und erweitern Sie die Palette durch Neutrals in Beige und Nude-Töne.

Dann hängen Sie an einem ruhigen Regenabend alles nebeneinander auf einen Kleiderständer – für jeden einzelnen Tag ein Outfit. Wenn alles untereinander kombiniert werden kann, haben Sie Millionen Möglichkeiten, die Sie durch die ganze Saison bringen. Drei richtige Basics verschaffen Ihnen bereits neun unterschiedliche Kombimöglichkeiten. Das ist viel stilvoller als wildgemusterte, avantgardistische, teure Shoppingsünden und emotionale Spontankäufe von Accessoires, die zu nichts von alldem passen und Sie wirken lassen, als würden Sie in ausrangierten Bühnenkostümen rumlaufen.

Merken Sie sich Folgendes:

Krinolinen, Petticoats, geschnürte Lacklederstiefel, Zigarettenhosen, Cocktailkleider aus Damast, lange Seidenhandschuhe, Fuchsmuffe, Ponchos, Capes, Flamenco-Style, Paisley-Prints, Retro-Look, A-Shape, Gipsy und Bondage, Dhoti Pants, Colour-Blocking, Polka Dots, Pyjama Style, Kugelärmel, E-Shape, bodenlange Knitterröcke, Fransenlederjacken, Marlenehosen, Jumpsuits, Rehab Bags, Cruel Shoes, Sarouels, Crossdressing und Spatenkragen überlassen Sie lieber den Profis. Ansonsten tragen Sie Etuikleider. Mit Ballerinas. Nebst Clutch. Denn Sie werden niemals Scarlett O'Hara sein. *Never, ever!*

Und tun Sie Ihren Mitmenschen einen Riesengefallen: Meiden Sie Gothic!

10

Credo einer alleinerziehenden Löwin

Wenn es etwas gibt, was mir immer wieder Hoffnung schenkt, so ist dies der Halbzeitwert weiblicher Trash-Ikonen. Oder selbsternannter It-Girls. Inzwischen ist es angesichts der Beliebigkeit der TV-Formate ja schon eine größere Errungenschaft, keine eigene Sendung zu haben und nicht in den Medien vorzukommen, da es nur noch des Blankziehens und missglückter Operationen bedarf, um ein Medienstar zu werden. Der Abnormität gilt die ungeteilte Aufmerksamkeit, nicht der Schönheit oder dem Talent.

Aber bleiben wir fair:

Nirgends lassen sich gesellschaftliche Veränderungen besser vorhersehen und sezieren als beim Durchstöbern von Hochglanztratsch- und -klatschmagazinen, in denen die nächsten bizarren Verzerrungen des Feminismus ihre aktuelle Form annehmen. Es ist nicht mehr die frauenbewegte Demo, angeführt von lila Latzhosentrauma-Lesben, sondern es ist unsere Möchtegernpromi-Kultur, die das Forum Romanum bietet, in dem die Ziele, Sehnsüchte, das Scheitern und die Moralvorstellungen junger, nach Ruhm lechzender Grottenmodels debattiert werden. Man sollte die eigenen

Töchter davor bewahren, diese bunten Blätter in die Finger zu bekommen – denn sie liefern eine Vorlage, welche unsere allgemeine Wahrnehmung weiblicher Rollenmodelle, die zweifelhaften Ruhm erlangen konnten, formt.

Das Scheitern ist Programm geworden: Selbstzerstörung durch tausend Partys, Koksen, Alkoholbeichten, Trunkenheit am Steuer, im Container gezeugte Kinder, das alles sind hochdotierte Eintrittskarten für Top-Schlagzeilen und damit Garant für eine breite Öffentlichkeit.

Krebserkrankungen, die man nie hatte, Chemotherapien, verpfuschte OPs, Sexualstörungen, Travestie für Arme machen die Protagonisten austauschbar und haben Talent und Qualität gänzlich ersetzt.

Am perversesten aber erscheinen mir immer die Berichte oder Statements, in denen auf subtile Weise die eigenen Kinder ins Rampenlicht gezerrt werden, eingebettet in eine äußerst bizarre Selbstbeweihräucherung nach dem Motto »Diesen Sieg habe ich meinem Kind gewidmet«, »weil ich so eine tolle Mutter bin« und »meine Kinder so sehr liebe«.

Wenn ihr eure Kinder liebt, dann haltet sie aus den Gazetten raus, verdammt noch mal, denn alles andere ist ein Anachronismus.

Wie doch die »Celebrity Mum of the Year« Katie Price jüngst sagte: »Ich bin eine Super-Mum!« Sind sie alle! Sei es Pamela Anderson, unter deren Obhut schon ein Kind im Pool ertrank, sei es Victoria Beckham oder Angelina Jolie. Die Kinder werden zugehängt und verschleiert über die Flughäfen dieser Welt gejagt, um in vier Zeitzonen gleichzeitig aufzuwachsen. Aber sie haben supercoole Mamis. Sie lernen früh, dass alles, was man braucht, in einen Rucksack passt und ein Zigeunerleben die optimale Form der familiären Geborgenheit ist. Nachgeäfft natürlich von den Sylvie van der Vaarts und dem Z-Abklatsch dieser Riege, die sich mit ihren Patchwork-familien vor den Kameras als »gaaanz tooolle Mütter« outen. Hier wird promoted und gekürt, was selbst am untersten Ende der Nahrungskette noch eine Selbstverständlichkeit ist. Zu betonen, eine gute Mutter zu sein, ist als moralische Aussage ebenso wertvoll wie ein Statement von BMW à la: »Wir produzieren Autos, die auch wirklich fahren!« Wer sich mit solchen Lorbeeren krönt, gibt schon seine abnorme Selbstwahrnehmung preis. Kinder werden als Accessoires verstanden, die vorgeführt werden, wenn es grad passt, und dann wieder in die Schublade gepackt werden. Von was für einem Weltbild muss man ausgehen, wenn man es für erwäh-nenswert hält – à la Sylvie van der Vaart und Konsorten –, dass man, weil man sich um sein Kind kümmert, eine gute Mutter ist? Von einem Hartz-VIII-Lebensmodell wahrscheinlich. Gut, manche erziehen ihre Kinder ja über Skype oder telefo-nieren manchmal mit ihnen. Auch diese Eltern kriegen Kin-dergeld vom Staat und rechnen es wahrscheinlich auf die Alimente an, um das nichteheliche Kind noch um seine Unter-stützung zu betrügen.

Die schrecklichen Konsequenzen falscher Entscheidungen zeigen sich auch darin, dass aufgespritzte Stripperinnen, abgehangene Möchtegern-DJanes und abgehalfterte Alko-holikerinnen ihre sogenannten »Modekollektionen« von den eigenen, wehrlosen Kindern in der persönlichen Reality-Doku-Soap vorführen lassen. Haut und Haar Minderjähriger wird der Öffentlichkeit dann als »eine schöne Kindheit« ver-kauft. Weil irgendwo ein Heißluftballon mit den Kids über grüne Wiesen fliegt und bunte Ballons hinter sich herzieht, nach denen die Gören kreischen.

Ich krieg Gänsehaut, wenn ich Kinder berühmter Eltern auf dem roten Teppich und in den Medien sehe. Denn die sind dort nicht wegen ihres großen Talentes, sondern weil die »toooolle Mutti« sie ins Rampenlicht geschubst hat. Für Geld. Aus Selbstsucht natürlich, weil nichts anderes mehr vorhanden ist, was man verkaufen kann. Und der Schutz der Privatsphäre, der Kindern laut Grundgesetz gebührt, von den eigenen Eltern aufgehoben wird.

Elternschaft ist kein Idyll, das aus warmer Milch, Seifenblasen und Kinderpartys besteht. So wird es aber öffentlich dargestellt, wenn die Kinderseelen ans TV verkauft werden. Leider Gottes ist dieser besagte Typus Mutter, der die Kids ins Limelight zerrt, natürlich auch Off-Screen weit verbreitet. Das sind dann die ehemaligen Partygirls, die mit vierzig Jahren immer noch im Lacklederkleid in der Disco zur Schaumparty an der Stange tanzen und in den Sommerferien kollabieren, weil sie ausnahmsweise mal rund um die Uhr mit den eigenen Kindern konfrontiert sind. Kindern, die natürlich letztlich ein Störfaktor sind, weil Partying und Clubbing selbstredend schlecht vereinbar sind mit drei Monate alten Zwillingen, die eine Kolik haben. Oder zwölfjährigen ADHS-Buben in der Pubertät. Da kriegt man als Partygirl schnell mal den Föhn, wenn die eigene Peergroup drei Tage durchmacht und man sich nach nassen Handtüchern bücken, Legobausteine unterm Sofa hervorholen und *Winnie the Pooh* vorlesen muss, während die Busenfreunde ungestört einen 15 000-Euro-Vintage-Champagner im VIP-Bereich des »Pascha« konsumieren.

Spätestens in der zweiten Urlaubswoche wird dann verzweifelt die Nanny angerufen und in die Karibik eingeflogen, weil diese »toooollen Mütter« mit dem eigenen Nachwuchs restlos überfordert sind und das große Opfer bringen sollen, abends nicht mehr das alte Partyleben führen zu dürfen.

Und was wollen eigentlich all die Nur-Hausfrauen, die verheiratet sind, keine eigene Karriere haben und trotzdem abends erschöpft kollabieren, nur weil sie ihrer Pflicht als Mutter nachgekommen sind und Mittagessen gekocht haben? Da lobe ich mir jede Bäuerin, die acht Kinder zur Welt gebracht hat und nebenbei auf dem Feld arbeitet und die Wirtschaft schmeißt. Wie kann man überfordert sein, wenn man morgens aufwacht, drei Kinder betreut, einkaufen geht, Essen zubereitet, Hausaufgaben überwacht, den Haushalt bestellt, die Familie abends um den Tisch versammelt und gemeinsam schlafen geht? Viele Frauen, die ich kenne, werden allein durch dieses Programm schon zum Wrack. Sie sind verbrannte Ehefrauen, die ihren Mann zu Sklavendiensten verdonnern (Altglas entsorgen, Kinder chauffieren, Fahrräder reparieren, Müll runterbringen) und sich als leibhaftige Tyranninnen entfalten –, um sich dann noch damit zu brüsten, wie schwer sie es als Hausfrau und Mutter haben. Und die dieses ganz normale, selbstverständliche Programm noch ungeniert als Höchstleistung verkaufen. Komisch, wo sie doch nur ihrer Bestimmung als Frau folgen, »die dem Mann den Rücken freihält«. Und genau das immer angestrebt haben!

Mir scheinen die Nur-Hausfrauen privilegiert, weil sie es sich herausnehmen und offenbar leisten können, ganz im Privatleben aufzugehen und ihre Kapazität allein dem Familienleben widmen zu dürfen. Welch ein Geschenk!

Damit ihre Kinder überhaupt einem schicken Hobby nachgehen können, müssen nämlich die meisten Frauen erst mal einen schlecht bezahlten Job und eine 40-Stunden-Woche absolvieren und dabei Mobbing, Erniedrigung und Stress am

Arbeitsplatz hinnehmen. Sorry, aber wenn Mütter mir vorjammern, dass sie »ihre Kinder chauffieren müssen«, macht es mich aggressiv. Dann organisiert doch eine Fahrgemeinschaft! Oder wechselt euch ab. Ihr könntet stattdessen auch früh um drei aufstehen und zwischen vier und sieben Uhr Büros putzen, damit ihr um halb acht wieder daheim seid, um die Schulbrote zu schmieren und eure Kinder auf den Weg zu schicken. Dann habt ihr, wenn die anderen aufstehen, schon euren Halbtagsjob absolviert und könnt zwischen neun und zwei Uhr mittags nebenbei noch für die Reiterferien eures Kindes als Kassiererin im Supermarkt arbeiten. Solche Frauen gibt es nämlich auch! Weltweit, überall! In Indien, China, Russland und Amerika. Und in Deutschland jammern die privilegierten Nur-Hausfrauen, dass sie der Belastung als Mutter nicht standhalten können und »Probleme mit den Kindern« haben.

Sorry, aber das ganze Programm bewältigen andere Mütter nebenbei und alleinerziehend.

Kinderbetreuung und Karriere-Programm ohne Mann zu absolvieren, weil sich ein Feigling von Vater verdünnisiert hat, muss die heimliche Vorlage für den Marlon-Brando-Film *Apocalypse Now* gewesen sein. Was sich da im Laufe von achtzehn Jahren abspielt, deckt alle Action-Filmstunts Hollywoods oscarreif ab. Alleinerziehend zu sein weist zahlreiche Parallelen zu einem Kriegsdrama auf: Es führt zu einer Metamorphose deiner Person. Denn dein Leben wird zum Schlachtfeld!

Die Outfits werden immer unwichtiger, man beschränkt sich schleichend auf bequemere Mode. Irgendwann entdeckt man die Stretchbundhose und Birkenstocks und stellt fest, dass man wahnsinnig viel Zeit spart, wenn man nicht täglich

Blusen waschen und Plisseeröcke bügeln muss. Nun lebt man fortan vorzugsweise in denselben Klamotten. Tagein, tagaus. Bei mir war es eine locker sitzende bordeauxfarbene Cordhose mit einem karierten Flanellhemd. Endlose Momente der Langeweile wechseln sich abrupt mit Phasen eiskalten Terrors ab. Ansteckende Krankheiten. Unerklärliches Fieber. Durchfall. Man kann früher oder später nur noch mit anderen Kriegsveteranen über sein Leben sprechen. Niemand scheint zu verstehen, wie es einem wirklich geht. Um das Rad am Laufen zu halten, müssen berufliche Termine punktgenau und professionell eingehalten werden. Trotz Milchstau und Laternenumzug an Sankt Martin.

Irgendwann weint man früh um vier allein in seinem Bett, weil das Arschloch von Vater komplett versagt hat und das gesetzlich geschützte Wohl des Kindes ihm komplett am Arsch vorbeigeht. Viele greifen da zur Flasche. Sie suchen Trost beim Wodka oder entdecken den Gin. Ich kotze das Zeug immer aus. Behalte nichts bei mir, was mein System vergiftet. Meine Rettung war, die Perspektive und die Sicht auf die Dinge zu verschieben. Wo Chaos ist, lässt sich nämlich gestalten.

Seitdem bin ich verliebt in alle Kinder dieser Welt. Sie sind der größte Reichtum, den wir haben. Warum betont Frau Merkel das nicht? Die emotionale, intellektuelle, körperliche Unverdorbenheit von Kindern in dieser abgrundtief verdorbenen und korrupten Gesellschaft ist mein Katalysator für alles, was pur, edel, gut und schön ist.

Kinder sind mein Regulativ.

Mit den kleinen Monstern im Bett zu liegen und sie anzuschauen, wenn sie schlafen, überzeugt mich jedes Mal von der Existenz Gottes. Wer keinen Zugang zu einem idealerweise charakterstarken, herausfordernden Kind hat, mit dem man infantilen Quatsch machen kann, das sich totlacht, wenn man Purzelbäume schlägt, mit dem man sich in Babysprache verliert – für den sind diamantbesetzte Schuhsohlen unter den teuersten UGG-Boots nur ein schwacher Trostpreis. Der Rhythmus unschuldiger, unverdorbener Kinder ist unbezahlbar wertvoll und betörend: Sie rutschen das Treppengeländer kreischend runter, geben einem einen Kuss, sagen »Ich liebe dich, Mami« und rennen sofort wieder weg – weil sie das Wichtigste losgeworden sind. Wenn man von Tourneen und schrecklichen Schlachten mit dem Kostüm-Department heimkehrt, weiß man, wofür man sich schindet.

Kinder brauchen nur dreißig Sekunden, um das Wesentliche abzuklären. Ich liebe das über alle Maßen. Es gibt nur Wahrheit und Fakten. Wenn alles scheiße ist, machen sie das in fünfzehn Sekunden deutlich und unmissverständlich klar. Wir sollten uns dem dringend widmen. Wenn Kinder ihr Herz ausschütten und uns bedingungslose Liebe schwören, brauchen sie dafür eine halbe Minute. Warum geht uns all das nur verloren? Die Welt würde anders ticken, wenn wir diesen Rhythmus kindlicher Kommunikation bewahren würden. Es ist nämlich das Timing von Cupido! Ganz bestimmt. Da bin ich mir sicher. In der klassischen Mythologie ist der Gott der Liebe, der den Pfeil in unsere Herzen schießt, der Sohn der Venus. Geboren aus tiefer Leidenschaft. In der griechischen Kunst stets dargestellt mit blutigem Pfeil und Bogen, kommt er nicht als strahlender, schlanker Muckiheld, sondern als pummelige Putte daher, vielleicht drei Jahre alt. Getroffen vom Pfeil Cupidos, der uns durch entflammte Liebe die Kontrolle über unsere Emotionen verlieren lässt, herrscht er über unsere Gefühle und wir ergeben uns seiner Macht! Der kleine mopsige Knabe hält durch das Equipment seines Köchers unser Schicksal in der Hand und entfaltet mit seinen infantilen Entscheidungen über unser Herz seine Allmacht. Eine Quelle der Macht, der wir uns willenlos ergeben müssen! Was für ein Szenario an Poesie in dieser Allegorie steckt! Wohl und Wehe unseres Herzens, gesteuert durch Pfeil und Bogen eines unschuldigen Kindes. Aufgefordert sind wir als Eltern, dafür zu sorgen, dass der machtvolle Bub sich nicht mit den eigenen Waffen verletzt. Von Cupido überwältigt zu werden, indem er uns von hinten überfällt und unser Herz um seinen Finger wickelt, das ist der größte Reichtum, der einem Menschen beschieden sein kann.

Wie blind und taub müssen Eltern sein, die die Sprache der eigenen Kinder nicht verstehen? Mütter sind von der Natur ausgestattet, schier nie versiegende Liebe zu produzieren – und diese Liebe schenkt magische Kraft. Nur die Mutterliebe ist so endlos wie das Universum. Unsere Bewunderung und Liebe für die eigenen Kinder wird zum Treibstoff unseres Handelns, unseres Hirns, unseres Herzens. Ein Treibstoff, der uns barfuß durch den Regen rennen lässt, wenn die Gummistiefel im Kindergarten verlorengegangen sind, der uns mit fremden Müttern Komplotte schmieden lässt, der uns Überstunden nicht einmal spüren lässt, wenn wir uns Puppen, Marionetten und Eishockeyschläger erst verdienen müssen, der uns die Nächte mühelos durchwachen lässt, wenn wir am Bett sitzen, um Husten, Schnupfen und Angst vor Blitz und Donner zu lindern. Mutterliebe ist, das Kind nachts an die Hand zu nehmen und ihm zu beweisen, dass unter der Kellertreppe keine Gespenster wohnen, und trotzdem »BUH« zu machen, wenn wir Kasperletheater spielen und das Schreckgespenst geben!

Die einzige Frage, die das Herz einer Mutter antreibt, ist folgende: Ist meine Brut glücklich, ist sie sicher, fühlt sie sich wohl? Hat sie alles, was sie braucht? Wie kann man eine Mutter bedrohen, die den eigenen Hunger nicht mehr spürt, weil sie den leeren Magen ihrer Kinder füllen muss? Wie kann man kämpfen mit einer Löwin, die jeden reißen wird, der ihrer Höhle zu nah kommt, und sich nicht mehr um sich selber sorgt, weil sie ihr Leben geben würde, wenn es darum ginge, ihren Wurf zu schützen? Niemand sollte selbstlose Mutterliebe unterschätzen. Sich mit ihr anzulegen wird nur Verlierer produzieren und all ihre Widersacher vernichten! Dumm und primitiv all jene, die es darauf ankommen lassen ... Das Leben wird ihnen die angemessene Lektion erteilen, das steht fest.

Alleinerziehende Muttertiere lassen sich durch nichts mehr schrecken, denn die Angst um des Kindes nackte Existenz ist der hochexplosive Treibstoff bedingungsloser Liebe, der sich aus sich selbst speist. Mutter zu werden ist der Sonnenaufgang neuen Lebens in der pursten und selbstlosesten Liebesform. Jenen, die das nicht respektieren, sei der Untergang beschieden.

Für eine Stunde im Schaukelstuhl mit meinem Neugeborenen zu sitzen und dabei das Ticken der Standuhr zu beobachten, Sekunde für Sekunde, Tausende von Sekunden lang, hat mir meine Lektion in Time-Management für den Rest des Lebens erteilt. Wie viel eine ganze Stunde wert ist, habe ich beim Stillen gelernt. In einer Stunde könnten wir eine ganze Sprache lernen. Sechzig Minuten – jeder Idiot wird danach fähig sein, guten Tag zu sagen, in ein Restaurant zu gehen, ein Croissant und einen Milchkaffee zu bestellen und das Wetter zu kommentieren. Auf Französisch, Spanisch, Russisch oder

Thai. Natürlich nur, wenn man will. Man kann in diesen sechzig Minuten des Innehaltens auch Segelknoten üben. Oder knüpfen. Zopfpullis stricken. Sich eine Ausstellung alter Münzen in der Pinakothek ansehen. Eine Schürze nähen. Eine Gesangsstunde nehmen. Ein Aquarell malen. Kinder lehren uns die Superlative einer endlos langen Stunde zu begreifen und damit die Wahrnehmung der Vergänglichkeit unseres Lebens zu verstehen.

Wer aus diesen Hunderttausenden von Stunden, die uns geschenkt sind, nichts macht und sich in Laaangeweile und Selbstbetäubung vorm iPad verliert, der ist wirklich selber schuld. Dann sollte man wenigstens Weihnachtskarten in Heimarbeit kleben, wenn einem nichts Besseres einfällt, aber bitte schön, gestalten Sie ab sofort jede Stunde so, als wäre es eine Kostbarkeit.

Einer Generation, die in der Kindheit täglich neun Stunden in Chatrooms am PC verbringt, muss jegliches Zeitgefühl verlorengehen. Alles wird ihr abhandenkommen. Sich ordentlich bekifft in den beliebigen Weiten des Internets zu verlieren ist die sicherste Ausgangsbasis für eine erfolglose Zukunft. Das wurde mir damals in dem Schaukelstuhl klar.

Die kleinen Zeitfenster, in denen unsere Babys schlafen, schießen geradezu eine übermenschliche Produktionsfähigkeit in das Nervensystem alleinerziehender Mütter. Für das Pensum, welches eine Mutter absolviert, deren Neugeborenes eine Stunde schläft, braucht ein CEO ganze acht Stunden. »Multitasking« ist eine Fingerübung im Vergleich zu der Produktivität einer Alleinerziehenden, die innerhalb von sechzig Minuten eine Online-Bestellung im Supermarkt aufgibt, sich um die Misere der besten Freundin am Telefon kümmert, eine Zeitungskolumne schreibt, Unterlagen für Jugendämter und

Behörden ausfüllt, Kindergeld beantragt, eine Reise bucht, einen Kuchen backt, nebenbei Grießbrei kocht, das Baby fotografiert, die Post erledigt und den kaputten Staubsauer repariert. Und das alles zwischen drei und vier Uhr nachmittags. Alleinerziehende Elternschaft ist ein Trainingslager für Rekruten, die eine Ausbildung in Effizienz erhalten.

Wenn man alleinerziehende Mütter in einem Betrieb beschäftigt, ja, dann werden diese dann und wann vielleicht einen freien Tag nehmen müssen, wenn sie daheim gebraucht werden, aber es sind auch die Frauen, die wissen, von welcher Seite man gegen den Fotokopierer treten muss, wenn er sich mal wieder aufgehängt hat. In der Zeit, in der der Lift vom siebenunddreißigsten Stock bis in die Lobby runterfährt, haben diese Mütter einen Strategieplan für die nächsten sechs Monate entwickelt, mit dem der Vorstand eines internationalen Krisenkomitees die Friedensverhandlungen im Mittleren Osten sichern könnte. Wenn das doch nur mal den Führungsetagen bewusst werden würde!

Durch diesen gigantischen Zugewinn an persönlichem Wachstum verschiebt sich natürlich auch die Wahrnehmung anderer: Die Billig-Silikonen, die den roten Teppich zum Beruf gemacht haben, indem sie ihr Privatleben verkaufen und sich mit Blankziehen prostituieren, erscheinen uns als ineffiziente Dilettantinnen. Warum? Weil ich seit achtzehn Jahren alleinerziehende Mutter bin, verdammt noch mal! Das beinhaltet, dass ich theoretisch und technisch bei einem Eignungstest in Vielseitigkeit Barack Obama in neun von zehn Kategorien schlagen würde. Und natürlich auch eine Frau, die sich immer erst dann für Dinge interessiert, wenn sie selbst betroffen ist: Angela Merkel! Was interessieren wir Mütter sie schon? Es hat ja mit ihrem Leben so gar nichts zu tun!

11

VON STEWARDESSEN, SAFTSCHUBSEN
UND FLUGENTEN – oder
Traumberuf Flugbegleiterin

Für desorientierte Teenager auf der Suche nach dem Traumberuf war eine Zukunft als Stewardess immer DER Klassiker. Doch der Beruf, der in den sechziger Jahren noch all das repräsentierte, was eine weitgereiste, professionell ausgestattete, perfekt frisierte Frau im Businesskostüm mit polyglottem Lifestyle nur erreichen kann, wurde längst durch andere Möchtegern-Karrieren ersetzt: Moderatorin zum Beispiel. Schmuck-Designerin. Pole-Dancer. Soap-Darstellerin. Reality-TV-Star. Eventmanagerin. Nacktmodell. Körpermodell. Webcam-Pornostar. DJane.

Wie konnte es nur so weit kommen, dass die attraktiven Flugbegleiterinnen, die einst als lebende Visitenkarte die Corporate Identity der Lufthansa repräsentierten, einen solchen Imageschaden erlitten haben? Immerhin verstanden diese Old-School-Stewardessen es, persönlich dafür zu sorgen, dass unser Gepäck das Fließband erreicht hatte, bevor der Flieger überhaupt gelandet war.

Ich spreche von einer Zeit, in der Stewardessen noch Trainingsstunden als Visagistin und Hairstylistin bekamen und die Erste Klasse auf internationalen Langstrecken ein Heiratsmarkt für deutsche Blondinen aus gutem Hause war. Lange vorbei, dass sich die schlanke Hamburgerin mit den schönen Beinen auf der Langstrecke nach Kapstadt den Multimillionär angelt, der dort seine Diamantmine besucht. Selbst fünfsprachige Purseretten der Lufthansa First Class, die eine diskrete dunkelblaue Performance wie Chefsekretärinnen der Vorstandsetage einer Schweizer Bank hinlegen, müssen sich von Thailand-Touristen in Shorts und Badeschlappen als »Saftschubsen« und »Flugenten« beschimpfen lassen.

Selber schuld. Denn Stewardess darf man ja nicht mehr sagen, das haben sich die Mädels per Beschluss vom Arbeitsgericht verbeten, weil sie es frauenfeindlich finden. Wenn man »Stewardess« ruft, kommen ja heutzutage nur noch die Jungs herbeigeeilt.

Nun ja, diesen Verlust an Respekt für ein ganzes Berufsbild verdanken wir den Billig-Airlines, die im Wettstreit um die Dumpingpreise zuerst an den Personalkosten sparen. Man muss schon von einem brüsken Verlust an Unternehmenskultur sprechen. Wer für siebzig Euro nach Phuket fliegt, dem wird von einer Flugbegleiterin in orangefarbenem Kittel mit einem Facelift aus Polen und pinkfarbenen Creolenloops in Übergröße, geklaut im Duty-free-Shop in Dubai, das Salami-Sandwich nicht angereicht, sondern zugeworfen.

Deshalb werden bei easyJet auch die Drinks nicht eingeschenkt, sondern aus den »Klappen über Ihnen« fallen die Sunkist-Tüten raus.

Für manche Saftschubse ist die Fliegerei heutzutage nicht mehr als ein zweites Standbein, damit sie und die Familie an Freiflüge und Schokoriegel kommen und Bonusmeilen sammeln können. Ein Fundament, auf dem Mutti nebenbei lukrative Geschäfte aus der Garage betreiben kann, indem sie mit Handtaschen-Fakes aus China handelt, da sie Zugang zu all den illegalen Shopping-Malls dieser Welt erlangt. Die meisten Saftschubsen der Billigflieger würden im Ernstfall die Rettung ihrer gefakten Prada-Handtasche über die Sicherheit der kotzenden Passagiere stellen.

Ryanair spart ja sogar an der Tankfüllung. Um das Gesamtgewicht der Maschine zu senken. Deshalb können Homosexuelle bei diesem Anbieter auch nicht buchen. Denn dort gilt die XXL-Tube K-Y-Gleitgel schon als Übergepäck.

Die schwulen Flugbegleiter bei Qantas verteilen statt Menütablett Visitenkarten mit der persönlichen Hotline-Telefonnummer und betreiben von ihrem iPhone aus ein ganzes Sex-Chat-Callcenter. Sie sitzen in der Crew-Lounge und verwalten beim Call-in fünf verschiedene virtuelle Profile auf den Singlebörsen sämtlicher Kontinente. Die wissen am Ende vor lauter Fake-Profilen gar nicht mehr, unter welchem Namen sie wirklich on air arbeiten.

Ja, das Berufsbild der Stewardess ist diffus. Es gilt ja heutzutage schon als Luxus, wenn eine Flugbegleiterin überhaupt noch ein Namensschild trägt. Die Trolley Dollys der Arabischen Emirate sind zum Beispiel namenlos. Wenn man sich bei Jazeera Airways beschweren will, kann man als Beschreibung der Servicekraft nur angeben, sie sei schwarz verhüllt gewesen.

Kein Wunder, dass jetgeleckte, namenlose Saftschubsen Stimmungen, Launen und Mood-Changes haben. Denn sie essen den Salat aus der First Class stehend über den Mülleimer gebeugt. Und ausgefallene Triebwerke, schlechtsitzende Uniformen und warme Kotztüten gehören zum Berufsalltag. Bei Indienflügen müssen sie den Flieger mit Desinfektionsspray aussprühen, und wenn sie sich nach einem Bier bücken, was ganz unten im Trolley ist, haben sie kaum die Kraft wieder aufzustehen. Diese Launen werden an den Gästen ausgelassen, und zwar ganz besonders an denen in der Holzklasse, ganz hinten in den Slums.

Wenn Gott gewollt hätte, dass Frauen fliegen, dann hätte er Stewardessen von PMS befreit. Fünf Tage vor der sich heranwälzenden Periode sind die Mädels plötzlich nicht mehr ansprechbar, an den sechs Tagen, wo sie bluten, sind sie im Wachkoma, und während der viertägigen Rekonvaleszenz nervlich gereizt. An den acht Tagen, wo alles in Ordnung wäre, da haben sie frei. Und schieben sich kollektiv durch die Duty-free-Lounges der Arabischen Emirate.

Doch was das Schlimmste ist: Die Saftschubsen können sich ihre Stimmungen erlauben. Die haben schließlich Macht – denn sie haben nicht nur das Bier, sondern auch die Erdnüsse. Und zwar sechs Stück pro Person. Das will verwaltet sein. Wo sonst bekommt ein zivilisierter Mensch heutzutage noch sechs Erdnüsse zur Verfügung gestellt? Da lernt man einzuteilen. Und wehe, wenn da eine runterfällt. Das ist für mich immer die Gelegenheit, Kontakt mit dem Sitznachbarn aufzunehmen. »Da, unter Ihrem Sitz, ich glaub, da ist noch eine Nuss, machen Sie mal die Beine breit, Moment, ich hab sie gleich, ach, Sie haben ja auch nur noch zwei, na, wir können ja teilen.«

Im Zuge dieses allgemeinen Dienstleistungs-Debakels wurde ja auch die klassische Performance zur Demonstration der Sicherheitsvorschriften abgeschafft. Jetzt reicht ein Klick auf den Touchscreen und ein Safety-Video wird abgespult. Bei Ryanair werden beim Boarding Flugblätter mit den Defekten an der Maschine verteilt. Da zählt es schon als Serviceleistung, wenn das Personal vorm Landeanflug nur mal eben mit dem blauen Müllsack durch die Alley geht. Nicht selten finden sich in diesen Säcken benutzte Kondome. Den Rest der Flugzeit verbringt eine easyJet-Stewardess dann damit, den Call Button zu ignorieren. Es kommt ja nicht mal einer, wenn man laut rufen würde: »Stewardess, mein Fenster ist offen!« Stattdessen wird im Cockpit der Copilot befingert. Und solange der nicht gekommen ist, geht auch der Service nicht weiter.

Bei Dobrolet, der Billigtochter von Aeroflot, kommt man für 58 Euro ab Berlin in den Ural. Die ganzen ehemaligen gedrillten Leistungssportlerinnen aus den Trainingslagern der DDR, die eigentlich als Eiskunstläuferin bei der Olympiade Medaillen abräumen wollten, sind dort untergekommen. Sie schreiten die Gangway ab wie eine Fashionista und zurren den Geschäftsmännern in der Business-Class den Gurt stramm wie einen Harnisch um die Leisten. Immerhin gehört orale Reflexzonentherapie hier zum Service. Deshalb dürfen die da auch Trinkgeld nehmen. Oder Kaviardosen. Während bei Thai in der Business-Class manuelle Entspannungsmassage mit Happy End obligatorisch ist.

LOT, die polnische Billig-Airline, hat ehemalige Frachtflugzeuge umgebaut und sie mit Ikea-Hockern ausgestattet. Da sitzt die Flugbegleiterin im Landeanflug in der WC-Kabine festgeschnallt auf dem Klodeckel. Natürlich MIT dem Trolley neben sich. Dies dient der allgemeinen Sicherheit. Wo es so eng ist, kann im Ernstfall nämlich nichts mehr verrutschen oder durch die Luft fliegen.

SpiceJet, eine indische Billigflug-Airline, verzichtet ganz auf Sitzplätze. Hier gibt es Handrails, an denen man sich bei Turbulenzen festhalten kann. Für ein Volk, bei dem ein Viertel der Gesamtbevölkerung, nämlich dreihundert Millionen Menschen, eh in Slums auf dem Boden sitzen, doch fast schon ein luxuriöser Aufenthaltsort. Wer es vom Slum in Neu-Delhi in den Cargoraum eines Airbus geschafft hat, wird dankbar und bescheiden seinen Aufstieg bei einem mitgebrachten Curry zelebrieren. Ganz Indien isst traditionell am Boden. Und in der Luft arbeitet das Bordpersonal mit Mundschutz. Aus Angst vor den Passagieren.

Natürlich stumpft eine SpiceJet-Flugbegleiterin ab, wenn sie von ihrer Bordküche aus beim Landeanflug die verdorrten braunen Landzungen fotografiert, die sich später bei der Bearbeitung am PC nicht etwa als verschlammte Lagune des Ganges entpuppen, sondern als Slum von Kanpur, in dem Millionen kleine, indische Kinder bunte Schals und Pantoffeln für H&M besticken.

Brasilien hat von Palme zu Palme ganze fünfzehn Billigflug-Airlines. So kommt man für 32 Euro von Brasília nach Manila, für 16 Euro von Salvador über Kuala Lumpur nach Bali, für 13 Euro von Alaska nach Palmas und für 5 Euro von Rio nach São Paulo. Die nehmen aber nur Bargeld.

Bei der Titicaca Airways kann man sogar zwischen Holzbank und Frachtraum wählen. Zwischen UPS-Paketen und Kokosnüssen im Cargobereich als Zuladung auf der Isomatte eingepfercht, sollte man vorher am besten Schlaftabletten einwerfen und seine Kopfhörer mitnehmen. Der einzige Song, der über Stereo eingespielt wird, ist »I will survive«. Der Slogan dieser Billig-Airline lautet: »Es ist Zeit, Kompromisse zu machen.« Der Bordservice wird von schwulen Flugbegleitern in Ledermaske und Chaps verrichtet. Wer nach Nüssen fragt, wird zur Strafe ans Andreaskreuz gekettet und ausgepeitscht. Schon mancher bisexuelle Passagier hat bei der Einreise nach Kuba beim Zoll sein Arschloch für Fotoaufnahmen zur Verfügung stellen müssen. Wer so reist, wird wenigstens nicht sein Gepäck verlieren. Denn er bleibt die ganze Zeit drauf sitzen und muss es beim Landeanflug selber festhalten.

Aber eine Sache gibt es, um die beneide ich Stewards und Stewardessen gleichermaßen, und zwar ist das ihre unglaubliche Fähigkeit, sich wahnsinnig viel Text merken zu können. »Bye, bye-bye, bye now, good bye ...«

Ja, aber jetzt sind erst die ersten vier Reihen raus, mein Gott, wenn die mal einen Hänger haben, alles ohne Souffleuse! Aber die hängen nie, das haben die sechs Wochen in ihrem Trainingscamp geprobt, das ist wie ein Mantra für die. Die Mehrzahl aller Flugenten ist eben mit Vorsicht zu genießen.

Neulich hat erst wieder eine von Etihat – catered by Air Berlin – im Vorbeigehen zu mir gesagt:

»Put back your seat for landing.«

Als ob das einen Unterschied macht, diese drei Zentimeter, wenn man abstürzt aus 10 000 Metern Höhe. Das machen die doch extra, weil sie hinterher Presseinterviews geben wollen: »Frau Nick hat den Absturz nicht überlebt, weil sie ihre Rückenlehne nicht zurückgestellt hat, ich habe es ihr tausend Mal gesagt, aber sie wollte nicht hören, tja, das hat sie nun davon, sie könnte noch am Leben sein.«

Aber dann habe ich mich bei ihr gerächt. Ich habe mit ihr ein Spiel gespielt, und dieses Spiel hieß: Mal gucken, wie oft die bei mir vorbeikommt, um zu kontrollieren, was mein Klapptisch macht. Mein angefressenes Tablett, das hab ich so richtig schön eingesaut und dann hab ich's unter den Vordersitz geschoben. Und dann, so zwei Minuten vor der Landung, hab ich es vor mich hingestellt. Und hab gerufen: »Stewardess, kommse mal her. Da. Packen Sie mir das mal ein. Ich möchte das gerne mitnehmen. Das war so lecker. Nur leider viel zu viel. Stewardess, puh, bin ich voll! Sagen Sie, was war das für eine Köstlichkeit? Waren das Känguruhoden oder Kakerlaken? – Ach, und Stewardess, wenn Sie wiederkommen, bringen Sie mir mal gleich ein heißes Tuch mit, ich kann Ihre Seifenspender im WC nicht leiden, da denk ich jedes Mal, mir wichst einer in die Hand.«

Da bleibt nur noch zu sagen:

»Fasten your seat belts, stop smoking and put the stewardess into an upright position!«

12

Ich kann rechnen

Was haben Phil Collins, Lewis Hamilton, David Bowie, Sean Connery und der Gründer von easyJet gemeinsam? Naaa? Allesamt umgezogen nach Monaco, in die Karibik oder die Schweiz. Sie haben ihre Heimat aufgegeben – nicht etwa wegen des Klimas, sondern weil sie nicht bereit sind, für jedes verdiente britische Pfund 65 Pence Steuern zu zahlen. Die Liste der Steuerflüchtlinge ließe sich endlos fortsetzen. Neben Golfen und Botox ist Wehklagen übers Steuersystem weltweit das beliebteste Gesprächsthema für Party-Small-Talk. Schnell ist man sich einig, wenn es darum geht, Lösungswege zu finden, um sein erwirtschaftetes Vermögen zu behalten. Genauso wie man allgemeine Unterstützung finden wird, wenn man mit der Aristokratie darüber debattiert, dass alte Schlösser stets viel zu zugig sind, die Heizkosten astronomisch und das Dach dringend isoliert werden muss. Diese klassischen Jammerthemen auf höchstem Portwein-Niveau schließen direkt an die Problematik an, welche das Personal bereitet, und wie schwierig es ist, heutzutage noch Kammerzofen zu finden, die so devot sind, dass man sicher sein kann, dass sie keinen Vaterschaftsprozess anzetteln werden, wenn es auffliegt, dass der »Lord of the Manor« sie geschwängert hat. In der Tat ist Personal heutzutage rar geworden, das für Kost und Logis bereit ist, sein Leben in den Dienst einer Herrschaft zu stellen, und – anstatt eine Alimentenklage einzureichen – sich anschließend schweigend mit dem Bastard in einem Heim für unverheiratete Mütter versteckt. Die Menschen wissen eben nicht mehr, was sich gehört. Deshalb ist es am besten, auf Philippinos oder Mexikaner zurückzugreifen, wenn man Personal braucht. Die würden ihr Leben geben für eine Aufenthaltsgenehmigung, nachdem sie in ihrer Heimat als Kind am Fließband Glühbirnen zusammenschrauben mussten.

Dass Kinder und Menschen Rechte haben, ist in unserer Gegenwart durchaus nicht jedem recht. Es gibt sogar Eltern, die das Kindeswohl bekämpfen und denen die Gleichstellung ehelicher und nichtehelicher Kinder übel aufstößt. Zu dumm, dass man für moralische Verbrechen an Kindern nicht in den Knast kommt. Das gibt den Tätern sogar noch die Möglichkeit, sich hinter weißen Westen zu verstecken. Und ein Täter ist jeder, der sich nicht zu seinen Kindern bekennt. Wenn Mutter oder Kind ihre Rechte kennen und davon Gebrauch machen, wird das vom Täter ohne Rückgrat sogar noch als Vergehen gewertet. Da bleibt letztendlich nur das Personal aus der Dritten Welt, mit dem man klarkommt ... Möglichst mit einer anderen Religion, damit auch an Ostern und Weihnachten durchgeschuftet werden kann. Gut, dass Frauen und Männer sich in Deutschland nicht mehr ausnutzen und in Abhängigkeit bringen lassen und es Arbeitsrecht und Gleichstellungsgesetze gibt.

An die Stelle devoter, weiblicher Unbeholfenheit sind inzwischen andere Attribute getreten. So ist es ja heute unter

Frauen üblich, sich dafür zu rühmen, dass man nicht rechnen kann. In steuerlichen Angelegenheiten komplett unmündig zu sein verströmt nach wie vor feminines Flair. Man ist schutz- und wehrlos dem Vater Staat ausgeliefert, wodurch die alte Hierarchie heil bleibt. Und während die Frau den ganzen Tag die teuren Hemden eines stolzen Platzhirsches bügelt, schießt es ihr manchmal durch den Kopf: »Wenn die vom Finanzamt was von mir wollen, dann werden sie sich schon melden.«

So denken aber nicht nur unterwürfige Hausangestellte aus Entwicklungsländern, sondern Millionen Ehefrauen! Dreißig Millionen erwachsene Frauen überlassen das Rechnen, die Bankgeschäfte, die Steuererklärung lieber den Herren der Schöpfung. Zinsen, Zinseszins, Vermögensanlagen, Steuersätze, Steuersparmodelle, Gehaltsverhandlungen – das erledigen die Ehemänner.

Denn: »Puh, das ist alles so kompliziert! Geld ist doch zum Ausgeben da, oder?« Schließlich leben uns das auch die Promis vor, die sich am liebsten bei ihren Shoppingtouren ein- kaufstütenschwingend von den Paparazzi und TV-Sendern begleiten lassen. Warum beantwortet eine Madonna, eine Heidi Klum oder eine Jennifer Lopez nie Journalistenfragen zum Thema, wie hart sie ihre Gagen verhandeln? Warum haben die vier stereotypen Charaktere aus *Sex in the City* nie Geldprobleme? Eine Steuererklärung zu machen und seine Geldgeschäfte zu regeln scheint intimer zu sein, als sich beim Sex filmen zu lassen oder dem Liebhaber die Schambehaa- rung abzurasieren. Man kennt die Muschi von Lady Gaga, Rihanna und Paris Hilton, man hat zugeschaut, wie Kim Kardashian sich ihr Baby aus der Vagina zieht, aber man darf nicht erfahren, mit welchen Geschäftsstrategien diese unsere Rollenmodelle ihre Firmenimperien führen? Wie sie ihr Vermögen gewinnbringend angelegt haben? Oder warum sie ihre jungen Lover niemals heiraten würden – oder wenn, dann nur mit wasserdichtem Ehevertrag? Geld ist Intimsphäre, Finanzen sind ein Tabuthema.

Frauen, die ihrer Finanzen mächtig sind und sich wirtschaftlich bestens auskennen, gibt es viele – aber weil das als unsexy gilt, halten sie sich in der Öffentlichkeit bedeckt. Lieber spielen sie uns vor, dass sie eine von diesen Frauchen sind, die das Geld zum Fenster rausschmeißen und hinterher unschuldig-ungläubig mit den Augen rollen über diese grooooßen Summen mit den vielen, vielen Nullen hinten dran. Solchen Frauen wird schließlich die Dummheit immer verziehen – sie gelten als süße, naive, putzige, beschützenswerte Bambis. Deko kostet eben. Da drückt Papi halt ein Auge zu, wenn die Agent-Provocateur-Korsage, die eh nie einer sieht, 3000 Euro kostet. BHs gibt's für 5 Euro oder für 5000 Euro bei Victorias' Secret. Beide erfüllen den gleichen Zweck. Was finanziell dazwischen liegt, ist einzig und allein der Preis, den Träume nun mal haben.

Hat Madame bei Louboutins mal wieder zugeschlagen und sich das hundertste Paar schwarze Highheels für 1500 Euro gekauft, ist das sofort gerechtfertigt. »Die können halt nicht anders«, denken die Männer, »die Weiber wissen eben nicht, was sie tun. Wenn Frauen eine Kreditkarte in die Hand kriegen, setzt bei ihnen halt der Restverstand aus.« Und je jünger die Frau, desto großzügiger muss natürlich der Spender sein. Aussehen ist nicht so wichtig, Hauptsache, der Gatte bleibt fit genug, um mit der Hand noch an sein Portemonnaie zu kommen ...

Leider geht diese Strategie, für die wir Frauen seit Jahrhunderten konditioniert worden sind, mittlerweile voll nach hin-

ten los. Manche Menschen wollen einfach nicht wahrneh-
men, dass sich die Gesetze geändert haben. Seit 1918 gibt es
keinen Adel mehr. Er wurde mit der Weimarer Republik und
dem Ende des Ersten Weltkrieges abgeschafft. Es gibt nur na-
mensrechtliche Bestandteile, aber keine vererbbaren Privile-
gien mehr. Es gibt Kindeswohl und Umgangsrecht. Es gibt die
Gleichstellung ehelicher und nichtehelicher Abkömmlinge,
zwischen denen kein Unterschied zu machen ist. Herkunft
lässt sich nicht abschaffen. Wer das nicht akzeptieren will,
sollte in ein fernes Land ziehen, wo andere Gesetze gelten.
Und genauso kommt es bei der großen Mehrheit nicht an,
dass sich die Rechtslage auch für Ehepaare und Partnerschaf-
ten komplett geändert hat:

Nichts ist beim Alten – gar nichts!

Aber wer schon in der Schule nicht kapiert, dass 1/5 mehr
ist als 1/6, wer keinen Dreisatz beherrscht, wer nicht ausrech-
nen kann, ob die 250-ml-Shampoo-Flasche für 3,99 Euro im
Verhältnis billiger oder teurer ist als die 100-ml-Flasche für
2,99 Euro, der hat spätestens bei seiner ersten Gehaltsver-
handlung ein Problem. Was ist jetzt das bessere Angebot:
2000 netto plus 13. Monatsgehalt für eine Dreiviertelstelle,
oder 3000 brutto für eine volle Stelle? Tja, dieser Stoff kam in
der 7. Klasse dran, aber leider war man damals mit Schminken, Baucheinziehen und der ersten Liebe beschäftigt ... keine
Ahnung also!

Frauen verdienen in Deutschland im Schnitt 23 Prozent
weniger – für die gleiche Arbeit!

Das liegt aber nicht nur daran, dass sie nicht rechnen können, sondern auch daran, dass sie nicht verhandeln können.
Ist ja auch kompliziert, gleichzeitig als zurückhaltendes
scheues Reh und dann wieder als knallharte Geschäftsfrau

aufzutreten. Und selbst wenn man es beherrscht, wie Heidi Klum, macht man sich damit eher unbeliebt. Man wird als die »Zicke« in Erinnerung bleiben und – was ganz schlimm ist – den Ruf erwerben, man sei »kompliziert«. Die Arbeitgeber werden das nächste Mal lieber mit Partnern arbeiten, die zu allem ja und amen sagen und am Ende auch noch ihre Reisekosten selber tragen. So wie die Geißens! Die zahlen auch alles selbst, damit sie um Himmels willen auf Sendung bleiben. Ja, in der Medienwelt sogar das Geld noch mitzubringen anstatt es zu verdienen ist ein wahrlich neuzeitliches Phänomen. So mancher hat sich schon eingekauft in die hirnlosen Formate, die unsere vierzehnjährigen Töchter lieben … Und da lernen sie auch gleich, dass Frauen sich schminken sollen und hauptsächlich shoppen gehen und aufgespritzte Lippen und einen Silikonbusen haben müssen, wenn sie mithalten wollen. So schließt sich der Kreis. Das Geld fürs Shoppen allerdings, das bekommen sie geschenkt!

Im wirklichen Leben funktioniert das leider nicht. Da stehen sich die Rollenbilder im Weg. Die Beine vorteilhaft übereinander schlingen, den Busen rausstrecken, mit den Wimpern klimpern – und sich trotzdem noch auf den Inhalt eines Gesprächs zu konzentrieren, da sind junge Frauen schnell mal überfordert! Weil diese beiden Welten eben überhaupt nicht zueinanderpassen.

Blöd, schlank und sexy, aber nicht rechnen können – oder verpickelt, hässlich und tough, aber in Mathe eine Eins. Als junges Mädchen muss man sich entscheiden. Will ich Physik studieren und Bundeskanzlerin werden, oder will ich zu GNTM und Fußballerfrau sein? Sylvie van der Vaart hat es ja auch geschafft, Reichtum und Popularität zu erlangen, obwohl sie in Tausenden von pointenfreien Sendungen nicht einen einzigen Lacher zustande gebracht hat, kein einziges Mal auch nur einen Ansatz von Humor durchscheinen ließ und von ihr noch nie ein einziges Statement hängenblieb. Immer nur das gleiche leere Grinsen. Wie eine seelenlose Anziehpuppe. Es funktioniert!

Allerdings würde sie niemals die von ihr ständig kontaktierten Paparazzi anrufen, wenn sie ihren Steuerberater oder Privatbankier besucht. Nein. Denn Geld existiert in der Öffentlichkeit nicht. Da existieren nur Liebschaften, Kinder, Scheidungen, Ehemänner, feuchte Küsse und Zickenkriege mit der besten Freundin ... Heidi K. hat ja auch noch nie gepostet, dass sie heute mal ihre Rechnungen durchsieht und die Bankbelege und Schecks abheftet.

Deshalb antworten die meisten Frauen dann auch auf die Frage, was sie glauben als Arbeitnehmerin wert zu sein, mit einem verstotterten »Ähm, na ja, an was hatten Sie denn gedacht?«. Bloß nicht in den Verdacht geraten, ein geldgeiles, abgekochtes, überehrgeiziges, gieriges Luder zu sein!

Ich plädiere für Unterricht in Bankwesen und Finanzverwaltung für unsere Töchter! Und dann gleich noch einen Crashkurs in Sachen Ehegesetze, Scheidungsrecht und Rentenansprüche! Warum lernt man so was in der Schule nicht, wenn es uns doch im Alltag von Vater Staat übergestülpt wird? Es gehört zu unserem Leben und niemand bereitet uns darauf vor.

Das finanzielle Debakel zieht sich durch das Leben der meisten Frauen wie ein roter Faden. Das fängt mit dem miesen Lehrlingsgehalt an oder dem lausigen Einsteigerlohn, der versteuert werden muss und deshalb noch geringer ausfällt als das einstige Praktikantenhonorar. Dann kommt mit Ende zwanzig ein Mann um die Ecke, mit dem man glaubt, alt werden zu wollen. Der Typ ist im statistischen Durchschnitt fünf Jahre älter und verdient doppelt so viel. Es folgt die Eheschließung, und zwar Ende Dezember, man ist ja schlau, haha, wir wollen das Ehegattensplitting voll ausnutzen! Und haben dann an Silvester auch gleich das Hochzeitsfeuerwerk gratis ...

Damit sind die Weichen für den Rest unseres Lebens gestellt. Denn in Deutschland wird nur eine Sorte Ehe steuerlich gefördert: die Ehe, in der ER deutlich mehr verdient als SIE. Umgekehrt geht es natürlich auch, kommt aber faktisch fast nicht vor. Wenn beide dagegen gleich viel verdienen, bringt ihnen das Heiraten steuerlich gar nichts.

Leider ist aber eine Alleinverdiener-Ehe nun mal keine finanzielle oder emotionale Win-win-Situation. Denn wenn ER zum Beispiel mehr verdient als die Gattin, aber dies auch nur, weil SIE zu Hause bleibt und überhaupt kein Einkommen hat, und ER wiederum nur ein Hobbyunternehmer mit tausend Euro Einkommen und einer verarmten Nur-Hausfrau an seiner Seite ist, dann ist er lebendig begraben. Sollte der Frau obendrein aber noch das Haus gehören, ER also bei IHR untergekommen sein, ist solch ein Mann zu arm, um sich jemals scheiden lassen zu können. Denn er müsste als einziger Verdiener dieses Haushaltes ausziehen und Frau und Kinder alimentieren. Hier heißt es die Versorgungsehe auszusitzen, sich mit der Zweckgemeinschaft zu arrangieren, eine mögliche Geliebte wegen Stalkings anzuzeigen, sich gegenseitig zu erpressen und dann an einer schönen psychosomatischen Krankheit früh zu sterben. Erst dann werden die Karten neu gemischt. Scheidung wäre hier keine Option, da nicht finanzierbar. Besitzlosigkeit wird nun mal abgestraft!

Bei Frauen dagegen wird abgestraft, wenn sie arbeiten gehen. Denn damit verwirken sie ihren Anspruch auf finanzielle Unterstützung durch den Exmann. Wer einmal in der Ehe gezeigt hat, dass er arbeiten kann, begeht den Fehler seines Lebens. Umgekehrt hat aber auch die Alimentierung ihren Preis: Sie bedeutet maximale Abhängigkeit.

Richtig angeschissen ist man aber erst, wenn man innerhalb einer Ehe Karriere macht und als Frau dann mehr verdient als der eigene Mann. Stellt bei Trennung nämlich der Ehemann einer Karrierefrau fest, dass er leider durch sein Familienleben solche Depressionen bekommen hat, dass er nie wieder in die Arbeitswelt zurückkehren kann, muss die Frau ihren Traummann ein Leben lang unterstützen und ernähren. Wie bei Nadja Auermann. Die war in der Zeit ihrer Ehe mit dem arbeitslosen Soap-Darsteller Wolfram Grandezka Großverdienerin. Er hat sich ums Kind gekümmert, während sie die großen Werbedeals bekam. Nun kann sie zahlen, weil ER leider keine passenden Rollen findet und aus dem Geschäft raus ist. Und zahlen bedeutet: So, wie der Lebensstandard innerhalb der Ehe gewesen ist. Nicht etwa also dem Niveau eines Junggesellen-Singlehaushaltes entsprechend, sondern einmal Luxusleben, immer Luxusleben ... Au Backe!

Die Gesetzeslage ist wirklich vollkommen undurchdringlich – und die Auslegung durch einzelne Familienrichter auch. Der Staat gibt zum Beispiel jedem ein bisschen Kindergeld (oder wahlweise einen Kinderfreibetrag) – auch solchen, die es gar nicht brauchen. Sprich, den tausend deutschen Milliardären, den unzähligen Multimillionären zwischen Kampen und Allgäu und auch denen im Ausland, all jenen, die für 180 Euro nur einen einzigen Kinderschuh bei Prada erwerben können ... warum? Und das Kindergeld darf ein Arschlcch von Vater auch noch auf die Alimente anrechnen! Vor dem Hintergrund, dass er mit dieser Summe dem Kind was Gutes tun soll, mal ins Kino gehen oder zu einem Fußballspiel. Was natürlich nicht passiert bei einem moralischen Verbrecher. Theoretisch kann er mit den 180 Euro Kindergeld auch in den Puff gehen ... Damit die Alte zu Hause sagen kann: »Mein Mann hat keine Geliebte«. Der Staat macht's möglich.

Und neuerdings gibt es in den ersten Lebensjahren auch noch eine Herdprämie dazu – aber nur, wenn SIE brav zu Hause bleibt. Da gehört sie hin. Sie kehrt eh nie wieder in die Arbeitswelt zurück, wenn sie erst mal zehn Jahre raus ist aus dem Wettbewerb. Denn was sie als Forstwirtin einst studiert hat, das ist alles längst überholt, wenn sie als über vierzigjährige Späteinsteigerin und Berufsanfängerin versucht, die Telefonanlage zu bedienen. Wussten Sie, dass in Deutschland mit jedem Kind für die Frau die Wahrscheinlichkeit sinkt, noch berufstätig zu sein? Und wenn SIE nach dem zweiten Kind überhaupt noch arbeiten geht, dann natürlich nur »nebenher«, und so, dass es SEINE Karriere nicht stört. Und das ist kein Weltbild von 1950! Sondern das sind die Fakten von 2014!

Für alle, die dieses Modell bis zur Rente durchstehen, mag das eine super Aufgabenteilung sein. Für die andere Hälfte der Ehen endet es irgendwann im Scheidungskrieg. Und ein paar Jahre später in der Altersarmut, aber natürlich ist davon wieder nur SIE betroffen. Denn wer als Frau immer noch denkt, »einmal Arztfrau, immer Arztfrau«, der wird spätestens beim ersten Anwaltsbesuch mit der bitteren Realität konfrontiert. Und die lautet: »Alte, geh arbeiten! Haste noch nie gemacht? Dann versuch's doch mal mit Putzen!«

In der 1990er Jahren hat Ivana Trump den schönen Satz geprägt: »Nimm's ihm nicht übel – nimm ihm alles!«, und griff nach ihrer Scheidung 25 Millionen Dollar ab. Heute werden in Hollywood auch schon mal 30, 50 oder 100 Millionen an die Ex bezahlt. Viele Frauen denken deshalb, dass das hierzulande ähnlich läuft. Dass der Herr Gatte Oberarzt, für den sie ihre Karriere als Kinderkrankenschwester an den Nagel gehängt hat, ihr das schöne Leben in der Villa auch dann noch jahrelang finanzieren wird, wenn er schon längst mit der Laborpraktikantin durchgebrannt ist oder in der Besenkammer aus Versehen Zwillinge mit der Babysitterin gezeugt hat. Leider ist der deutsche Rechtsstaat aber der Meinung, dass politische Logik sich nicht lohnt. Gut, man fördert zwar die Alleinverdiener-Ehe jedes Jahr mit vielen Milliarden und bringt die Frauen mit allerlei Tricks wie dem Betreuungsgeld dazu, dass sie sich das Zuhausebleiben und das Nur-Hausfrauen-Leben schönreden. Aber wenn ein Paar sich scheiden lässt, dann ist es vorbei mit dem Verständnis des Staates. Dann gilt die Devise: Sitzengelassene Hausfrauen sind selber schuld. Hätten sie halt zusehen müssen, dass sie während der Ehe nicht alles für IHN aufgeben. Hat sie doch keiner gezwungen! Warum hat sie nicht gearbeitet, als sie verheiratet war? Und wenn ER bei ihr gewohnt hat, wo ist das Problem? Dann kann sie ja ihr Haus verkaufen …

Und die Frauen, die nicht mal wissen, wo ihr Mann die Kontoauszüge abheftet, geschweige denn, was er mittlerweile eigentlich verdient, sind – pardon – richtig am Arsch. Die merken nicht einmal, dass der Mann alles, was wirklich wichtig ist, ins Büro ausgelagert hat. Aber das sind jene, die bereits so verstrahlt sind, dass sie auch nicht mitkriegen, wenn der Ehemann sie jahrelang nach Strich und Faden mit einem ganzen

Doppelleben bescheißt, weil er eine Zweitfamilie unterhält. Wenn SIE dann fragt, ob er sie betrügt, wird er das in Abrede stellen und über die diskrete Geliebte sagen: »Diese Frau ist eine Irre.« Dann rennt die betrogene Gattin mit dem Spatzenhirn zur Polizei und zeigt die Geliebte, mit der sich der Fremdgänger bequem im Liebesleben arrangiert hatte, auch noch wegen Stalkings an.

Mitleid wäre hier definitiv fehl am Platze. Solche Ehepaare sind mit sich selbst gestraft – denn das ist kein Leben, sondern pure Tyrannei. Hier haben sich Erfolg, Prosperität, Lebensqualität, Gesundheit, Wachstum ein für alle Mal verabschiedet. Hier wachsen Kinder auf vergiftetem Boden heran und müssen medikamentös eingestellt werden, damit sie in der Schule nicht die Stühle zertrümmern und andere Kinder zusammenschlagen. Die Einsteigerdroge Ritalin führt dann direkt in eine bunte Palette von Suchtverhalten … Feigheit hat eben einen hohen Preis und Rückgratlosigkeit straft das Leben. Im bittersten Fall sogar mit einer Ehe, die auf Erpressung und Sklavendiensten beruht, »bis dass der Tod sie scheidet«.

Aber ich bin abgeschweift. Kommen wir zurück zu der Realität der Gesetzbücher. Seit der Unterhaltsreform vor einigen Jahren gilt: Wenn die gemeinsamen Kinder über drei Jahre alt sind, kann man IHR nach der Trennung sofort eine Vollbeschäftigung zumuten. Und wenn sie keine Qualifikation hat oder zu alt für den Arbeitsmarkt ist oder keinen Platz in einer Ganztags-Kita findet, dann soll sie es halt nachts mit Heimarbeit versuchen! Zur Not per Webcam. Das wird auch beim Arbeitsamt als Beruf anerkannt. Oder sie soll eben putzen gehen.

Ich putze übrigens auch manchmal nachts – aber nur in meinem eigenen Haus, das ich mir von meinem eigenen, hart

verdienten Geld gekauft habe. Also von dem, was übrig geblieben ist – nach der Ausbildung meines Sohnes, die ich
selbst finanziert habe, weil ich minimal alimentiert bin und
das Kindergeld auch noch voll angerechnet und damit unserem gemeinsamen Kind vorenthalten wurde. Ja, und von dem
Restgeld habe ich mir das von Kaiser Wilhelm I. für dessen
Bruder Prinz Heinrich erbaute Anwesen gekauft: meine
»Heinrichshöhe«! Leckt mich am Arsch!

13

BY INVITATION ONLY –
Kinderwunsch-Sprechstunde!

Kinder großzuziehen ist harte Arbeit – für jede Frau! Was stöhnen sie alle, die Nur-Hausfrauen, die nicht arbeiten gehen und das Privileg haben, sich einzig und allein um die Familie kümmern zu dürfen ... Die Chauffeurdienste, die viele Wäsche, der Einkauf, die Hausaufgabenkontrolle, immerzu Kinderpartys, Putzen tagein, tagaus, Familienfeiern, Socken sortieren, Flöten- und Turnunterricht, dreckige Sportklamotten, ewige Unordnung und verlorene Handys ... Wie toll, wenn man einzig und allein dafür seine Zeit zur Verfügung hat. Struktur ins kindliche Chaos bringen, was gibt es Schöneres?

Andere machen neben drei Kindern nämlich noch Karriere, führen Arztpraxen, produzieren TV-Shows, leiten Unternehmen, bauen Geschäfte auf, absolvieren Auslandsreisen, bauen Häuser, sanieren sie, engagieren sich politisch und sozial, betreiben ein Modelabel, sind Journalistin, ewig auf Tournee, übernehmen Ehrenämter, pflegen die Eltern und häufen ein Vermögen an. Was kriegen sie am Ende dafür? Gerne mal einen Arschtritt! Natürlich nur von Männern, die sich depotenziert fühlen und weder das eine noch das andere auf die Reihe kriegen. Also die ewigen Großmäuler, Angeber und Verlierer. Nein, für die Loser und Luschen sind die starken Frauen einfach eine Nummer zu groß. Da ist der Bauer, der im Holzfällerhemd morgens den Stall ausmistet und zur Kartoffelernte fährt, noch eher ein ganzer Kerl, als so ein Weichei, welches neben einer Frau, die eine Konstitution wie ein Stier hat, zurücksteht. Irgendwann sind solche Kerle total frustriert und werden boshaft und verbittert. Weil sie sich entmannt fühlen. Dabei müssen sie nicht einmal die Kinder zur Welt bringen! Wie würden sich wohl die Männer aufspielen, wenn sie auch noch die Sache mit dem Gebären erledigen müssten?

Es herrschen viele Missverständnisse rund um das romantische Bild der Mutterliebe! Von aufopferungsvoller Vaterliebe spricht ja vorsichtshalber gar keiner. Nach dem Gebären geht das Spektakel erst richtig los: achtzehn Jahre lang permanente Verantwortung, gefolgt von vierzig Jahren Teilzeitfürsorge, immerwährendem zinslosen Darlehen, kostenfreiem Wäsche- und Flickservice, Rundum-Hotel-Service und mitleidigen Blicken, wenn man aus dem Toastbrot morgens »Die liebe Sonne« schnitzt, obwohl der Junge fünfunddreißig und Neurochirurg ist.

Nun ja, eine Frage ist man zumindest los, wenn man ein Kind hat: Die penetrante »Nachhakerei«, mit der Frauen ab fünfunddreißig belästigt werden, wenn es im gesamten Umfeld heißt, »ob man denn nicht endlich mal Kinder haben möchte?« Zumindest wird diese Frage öfter gestellt als die Frage: »Darf ich Ihnen den Koffer abnehmen?« Komisch, dass keiner fragt, wenn man sich mit Tüten abschleppt und einem die Schwingtüren selbst in den besten Hotels um die Ohren donnern. Aber hier, wo es intim wird, scheinen alle plötzlich ganz besorgt zu sein und mischen sich ein. Die allergrößten Klugscheißer in der Verwandtschaft oder unter den Kollegen halten sogar gleich den ganzen Masterplan parat: »Kind, du musst doch ein bisschen im Voraus planen, wenn du Familie willst! Mindestens fünf Jahre … Wenn du ein Baby mit vierunddreißig willst, solltest du mit neunundzwanzig verlobt sein – Minimum! Such dir einen Ehemann. Nicht, dass du am Ende alleine dastehst. Wie die arme Kylie Minogue … Keine Kinder, was nützt ihr dann der ganze Ruhm?«

Und wehe dem, der sagt, er möchte gar kein Kind. Da heißt es dann mit aggressiv-kryptischem Unterton: »Na, warte nur ab, bis der richtige Mann kommt, da wirst du deine Meinung ganz schnell ändern!«

Doch egal, welches Lebensmodell wir auch wählen, am Ende des Tages gilt es als wahre Weiblichkeit, wenn Frauen dahinschmelzen, sobald es um Babys geht – genauso wie wir verzückt aufkreischen, wenn wir Manolo-Blahnik-Schuhe sehen! Oder George Clooney. Selbst wer nur Turnschuhe trägt, als eingeschworene Lesbe lebt und KEINEN Schuhtick hat, sollte sorgsam jede Spur von Sperma hüten, derer er habhaft werden kann. Und zwar wie ein rohes Ei! Wer weiß, wann man es brauchen kann, wenn erst die Bodyclock laut tickt. Müsste man doch wahrlich ein Herz aus Stein haben, wenn die Aussicht auf Nachwuchs einen kaltlässt. Der Kinderwunsch überkommt die Weiber alle früher oder später! Die Schwulen, die Lesben, die Karrierefrauen – niemand ist gegen Kindchenschema, Pitschepatschehändchen und Knuddelbabys gefeit. Und wehe, wenn das »Ich will ein Kind!«-Programm dann nicht ad hoc funktioniert wie der Pizza-Lieferservice!

So sieht sich doch die durchstrukturierte und logistisch

optimal organisierte moderne Frau mittlerweile veranlasst, auch alles generalstabsmäßig zu planen, wenn es ans Brüten geht. Und o weh, welch Scheitern, wenn der Uterus sich nicht dem Terminkalender unterordnen will und nach zwanzig Jahren Pille der Hormonhaushalt der Spätgebärenden ein Schnippchen schlägt. Doch die Zeiten, in denen sich Frauen damit abfinden, dass sie einfach nicht schwanger werden, wenn sie es verdammt noch mal werden wollen, sind lange vorbei. Seinerzeit hätte man wahrscheinlich all die gewonnene Energie kompensiert und sich dem Schicksal der Kinderlosigkeit ergeben, um zum Beispiel das freie Leben »auf Reisen« zu genießen. Heute aber ist ein »Nein« der Eizellen für Frauen keine Option mehr! Zu Zeiten mangelnder Aufklärung war eine Abtreibung das Drama im Leben einer Frau, heute ist es umgekehrt! Der unerfüllte Kinderwunsch ist die schlimmste Misere und die ganz große Bankrotterklärung vor uns selbst. Zu spät kommen die Karrierefrauen drauf, dass sie etwas verpassen, wenn der Kinderwunsch sich nicht planmäßig erfüllt.

Und sie sind ja eh schon alt, wenn sie anfangen wollen zu brüten – die Spätgebärenden! Wir kriegen heute quasi unsere eigenen Enkel, wenn wir mit vierzig Mutter werden ... Immerhin schrammt eine fünfundvierzigjährige Wöchnerin bei Volljährigkeit ihrer Brut mit dreiundsechzig knapp am Rentnerstatus vorbei. Außer ich natürlich. Mein Geheimnis ewiger Jugend ist, dass ich nie im Schoße einer Familie Geborgenheit erfahren habe und von einem Mann beschützt worden bin – so was hält fit und jung! Altern kann ich mir gar nicht leisten, und meine Hormone haben das inzwischen kapiert.

Wer kurz vorm Altwerden noch kein Kind hat, bei dem rasselt erbarmungslos fünf Minuten vor zwölf der Wecker der inneren Uhr. Und dann kommt der Neid auf die Eierstöcke von anderen, wenn man merkt:»Huch, klappt ja gar nicht ...« Was für ein Markt weltweit: die Kinderbeschaffungsindustrie der Wohlstandsgesellschaft! Es ist eine Goldgrube für Pharmakonzerne, uns den Weg zum Wunschkind zu ebnen. Weil ja offenbar die Natur versagt. Wo es allein nicht so recht gelingen will, muss therapeutische Hilfe her.

Fertilitätsmedikamente sind erst der Anfang. Je weniger sie anschlagen, umso mehr wird am Ende verdient. Ein bisschen die Scheidenflora aufpeppen, damit der Embryo sich eventuell gemütlich einnisten mag, das gehört ja noch zu den Einsteigerübungen. Richtig interessant wird die Sache erst dann, wenn im großen Stil in den Hormonhaushalt eingegriffen wird. Hunderte Millionen Euro setzen Unternehmen wie die deutsche Firma Merck und der amerikanische Konkurrent MSA mit ihren Medikamenten jährlich um. Denn die Frau, die sich heute mit knapp vierzig überlegt, dass sie doch noch schnell eine Familie gründen will, hat den Zenit ihrer Fruchtbarkeit schon lange überschritten. In den letzten Jahrzehnten haben sich immer mehr Paare durch die Hilfe von Reproduktionsmedizinern ihren Kinderwunsch erfüllt. Mehr als fünf Millionen Kinder weltweit sollen mittlerweile mit Hilfe dieser Methode entstanden sein.

Die heute sehr vielfältigen technischen Möglichkeiten sind die Grundlage einer jeden Behandlung. Am meisten Geld geben die Europäer und die Amerikaner dafür aus, schwanger zu werden. Aber auch in Schwellenländern wie China und Indien gibt es gigantische Marktzuwächse. Unter 30 000 Euro läuft da gar nichts, und die Krankenkassen in Deutschland zahlen nur bis zum achtunddreißigsten Lebensjahr. Günstiger ist da schon eine Spermaspende: Die gibt's für läppische

30 Euro. Blut geleckt? Das Sperma kann man ganz problemlos übers Internet bestellen. Man sollte vielleicht nicht unbedingt auf Geschäftsreise gehen, wenn die Lieferung ansteht – nicht dass das Päckchen beim Nachbarn landet, der dann erst mal in den Urlaub fährt. Oder noch schlimmer: Der schleimige Samen, der mal unser Kind werden soll, wird als unzustellbare Retoure zurückgeschickt und verrottet im Paketzentrum.

Man kann aber, wenn man einen besonders gutaussehenden, gesunden, klugen Spender haben will, auch schon mal 75 000 Euro ausgeben. Ob das geklonte Genie auch soziale Kompetenz besitzt, ist allerdings nicht vertraglich zugesichert.

Welch Schnäppchen ist es dagegen doch, zu gegebener Zeit auf ganz natürlichem Wege von seinem Herzensprinzen geschwängert zu werden! Das ist ja so was wie ein Sechser im Lotto, wenn man bedenkt, welche Hürden Millionen Menschen überwinden müssen, bevor sie ein Wunschkind im Arm halten dürfen. In China ist die Fertilitätsspritze sogar schon zu einem Statussymbol geworden: Man ist stolz darauf, sich etwas leisten zu können. Die Möglichkeit der geplanten Schwangerschaft bleibt allerdings nur höchsten Kreisen vorbehalten!

Dieser global explodierende Markt der Fertilitätsmedizin hat sich auch deshalb so prächtig entwickelt, weil die Frauen generell immer später Mütter werden. In Deutschland liegt das Durchschnittsalter einer Erstgebärenden bei neunundzwanzig Jahren. 1980 lag es noch bei vierundzwanzig Jahren. Aber wer will den Müttern das verdenken? Das Studium dauert ewig, dann ist man jahrelang in der Praktikantenschleife. Später sind die Arbeitsverhältnisse oft befristet, oder man schlägt sich als Selbständige durch. Bis Geld verdient wird, ist man fast schon wieder im Klimakterium. Und die Frau weiß instinktiv: Wenn ich ein Kind kriege, muss ich selber zusehen, wie ich es durchbringe. Geheiratet wird vielleicht gar nicht, oder nicht dauerhaft. Versorgungsehen und Zweckgemeinschaften sind für niemanden eine Option, der gut ausgebildet, qualifiziert und einigermaßen gebildet ist. Daher überlegt eine Frau es sich heute auch lange und gut, anstatt sich hirnlos und unbedacht mit Anfang zwanzig drei Kinder aufzuhalsen.

Die meisten Frauen warten sogar, bis ihre Karriere richtig auf dem Höhepunkt angekommen ist. Mit über vierzig Jahren noch Kinder zu kriegen ist mittlerweile ganz normal! Doch an diesem Punkt kommt ein neues Problem dazu. Nicht nur, weil die Frau zu alt ist, sondern weil – statistisch erwiesen – das Sperma der Männer flächendeckend immer schlechter wird. Nicht jeder hat das Zeug zum Zeugen! Von zehn Männern, die ihr Sperma untersuchen lassen, haben neun schlechte Werte! Denn je besser es uns allen geht, desto schlechter geht es den Spermien. Rauchen, Drogen, Kiffen, Alkohol und Übergewicht sind allesamt Samenkiller!

Folglich ist nicht jeder Schuss ein Treffer! Allerdings steigt die Chance, je öfter man schießt. Wenn man also viel verhütet, aber nie Zeit für Sex hat, wird man nicht für Nachkommenschaft sorgen können. Mein Tipp: Die Menschheit sollte bei sinkender, evolutionärer Spermaqualität gar nicht mehr verhüten und viel Sex haben. Allein so kann man bestenfalls noch seinen evolutionären Auftrag erfüllen.

Dies wird allerdings trotzdem immer prekärer. Denn die Samenkiller lauern überall. In Plastikflaschen zum Beispiel. Durch die chemischen Zusätze, die für die Herstellung benötigt werden, trinkt man mit jedem Schluck auch immer unbewusst einen Hormoncocktail mit. Männer werden durch Weichmacher in Nahrung, Waschmitteln, Qualitätsprodukten, Cremes etc. pp. verweiblicht. Nebenwirkung dieser unfreiwilligen Verhütung ist leider auch eine steigende Hodenkrebs-Rate.

Angeblich schaden auch elektromagnetische Strahlen der Fortpflanzung. Also jedes Haushaltsgerät, sogar jede Glühbirne. Und ja – auch jeder Computer. Wer sich also mit dem Wireless-LAN-Laptop auf dem Schoß ständig irgendwelche »Heiße Girls warten auf dich«-Pics anguckt, sorgt langfristig für »tote Hose«.

Da die chemischen Samenkeulen mittlerweile überall sind, sogar im Grundwasser, werden wir ihnen wohl kaum entkommen. Wie spanische Wissenschaftler herausfanden, ist die Qualität der Spermien in den letzten zehn Jahren um 38 Prozent zurückgegangen – auch bei jungen Männern! Während Männer im Jahr 2001 noch durchschnittlich auf 72 Millionen Spermien pro Milliliter Samenflüssigkeit kamen, waren es 2011 nur noch 52 Millionen. Richtig gefährlich wird es übrigens ab 40 Millionen Spermien pro Milliliter – sind wir erst auf diesem Niveau angekommen, dann ist die globale Zeugungsfähigkeit stark eingeschränkt. Wenn solch miserabler Samen auf Frauen um die vierzig trifft, freut sich die Pharmaindustrie. Denn da muss man auf der einen Seite tüchtig ziehen und auf der anderen kräftig schieben, damit noch was geht ...

Meine Botschaft an alle Männer: Nicht fragen, was Ihr Sperma für Sie tun kann, sondern was Sie für Ihr Sperma tun können! Denn viele Faktoren hat der Mann im wahrsten Sinne des Wortes selbst in der Hand: Vitamine, Paranüsse,

Eier, Steaks, Fisch. Und stilvoll das Wasser aus der guten Glasflasche perlen lassen! Es gibt schließlich auch Kristallgläser, aus denen man trinken kann, ohne sich zu vergiften. Aber Männer werden sich wohl auch hier wie gewohnt aus der peinlichen Affäre mit der Sache um ihr minderwertiges Sperma ziehen und wieder uns Frauen die Schuld an dem Dilemma geben. Denn niemals wurden Männer mit fordernder Fragerei, wie es denn nun um die Familienplanung steht, behelligt – klar, denn bei ihnen tickt ja auch keine biologische Uhr! Sie können noch mit siebzig eine Familie starten … was uns Frauen natürlich immens unter Druck setzt und die ganze Hysterie um den Babywahn erklärt. Die Kerle haben, während wir in Panik geraten, alle Zeit der Welt und schaukeln ohne jede Eile ihre inhaltslosen Eier, während die Frauen spöttisch belächelt werden, wenn langsam die Eierstöcke ihre Produktion herunterfahren. Auch hier geht die Familienplanung wieder auf Kosten der Frauen, da sich im Leben eines Mannes sowieso kaum etwas ändert, wenn die Kinder erst mal da sind. Gut, er wird am Wochenende vielleicht mit Drachenbauen oder Angeln beauftragt, muss das Fahrrad aus dem Keller holen oder gemeinsam Schlittenfahren gehen. Sprich: Papi erscheint immer dann auf der Bildfläche, wenn's vergnüglich oder sportlich wird. Aber der bittere Alltag mit den Stillgewohnheiten, Schlafzeiten, nächtlichen Blähungen, Koliken, Bauchkrämpfen, Zahnweh, Fieberkrämpfen, Krabbelgruppen, Breichenfüttern und Rumgeturne auf dem Hochstuhl – all das sind doch drei Jahre Mami-Innigkeit, in der Papis Leben weitergeht wie bisher. Die Flucht ins Büro und auf die Geschäftsreise, die Tagungen und die Seminare, all das wird ihn schon davor schützen, sich die ganze Drecksarbeit aufzuhalsen. Um Papi zu sein, gibt's schließlich die

Skiferien! Erfolgreiche Männer verbringen mehr Lebenszeit mit der Sekretärin als mit der Familie.

So hat die Evolution in uns einen Mechanismus eingebaut, der Männer die Sache mit der Elternschaft gelassen angehen lässt, während die Frauen – insbesondere erfolgreiche Karrierefrauen – ein immenses Pensum absolvieren: Die Liste der prominenten Beispiele, die einen Nobelpreis verdient hätten für ihren Kraftakt, nebenbei Mutter zu sein, ist lang – wenngleich hier bestimmt auch Personal zur Seite steht, was zwar die Dreckwäsche abnimmt, nicht aber die Mutterliebe und Nestwärme ersetzen.

So bekam Halle Barry im Alter von einundvierzig und sechsundvierzig Jahren ihre Kinder.

Showstar Ute Lemper gebar mit achtundvierzig Jahren ihr viertes Kind.

Die italienische Sängerin und Ex-First-Lady Frankreichs, Carla Bruni, gebar mit dreiundvierzig Jahren ihr zweites Kind. Celine Dion bekam mit zweiundvierzig Zwillinge.

Marcia Cross, die rothaarige Sirene Bree Van de Kamp aus *Desperate Housewives*, bekam mit vierundvierzig Zwillinge – wie auch Holly Hunter mit siebenundvierzig!

Kelly Preston, die Frau von John Travolta, wurde schwanger mit achtundvierzig. Geena Davis hat ihr erstes Kind mit sechsundvierzig ausgetragen und noch mal zwei Jahre später Zwillinge nachgelegt.

Die Mutter von Sarah Connor, Soraya Lewe-Tacke, gebar – nach sechs zum Teil schon erwachsenen Kindern – mit fünfzig noch mal Zwillinge!

Doch die Königin der Spätgebärenden ist die stets als Lesbe lebende Sängerin Gianna Nannini: Hat sie doch mit vierundfünfzig ihr erstes Kind gekriegt!!

Madonna hat mit über fünfzig dann plötzlich doch lieber adoptiert, was von Sir Elton John als homosexuellem Vater mit dreiundsechzig getoppt wird! Er beauftragte natürlich eine Leihmutter. Die Leihmutterschaft haben überhaupt etliche Promis für sich entdeckt: Trendsetterin Sarah Jessica Parker, verantwortlich für den Schuhfetischismus der ganzen Welt, ließ mit vierundvierzig ihre Zwillinge von einer Leihmutter austragen.

Diesen Weltstars wird nicht nur nachgeeifert, wenn es um Schuhe, Fashion und Lifestyle geht. So wird nach der Inseminationsmethode auch bald die Leihmutterschaft bei uns Schule machen. Zwar in Deutschland immer noch verboten – aber dies ist für Gebärwillige, die zu allem bereit sind, kein Hindernis mehr. Denn in der Ukraine zahlt man für das Austragen des eigenen Kindes einfach rund 28 000 Euro an eine Agentur. In Osteuropa wird das Rundum-Sorglos-Paket feilgeboten, das passenderweise »Kind auf dem Arm« heißt und Leihmütter vermittelt, die – bei unfruchtbaren Frauen – notfalls auch das bereits befruchtete Ei einer fremden Ei-Spenderin austragen. Das Kind hat dann quasi drei Mütter!

Erstaunlich, wozu die Natur der Frau bereit ist, wenn es darum geht, neues Leben zu produzieren. Als würde sich das Potential einer Frau lediglich darin erschöpfen, neue Menschen hervorzubringen, Ableger in die Welt zu setzen und die eigene DNA zu reproduzieren. Nur dafür zu leben, neues Leben zu gebären, scheint als Auftrag für eine Frau am Beginn des 21. Jahrhunderts doch wahrlich ein bisschen wenig. Könnte es nicht auch etwas anderes sein, was an diese Stelle tritt und zu einem erfüllten Leben führt? Und sonderbar doch auch, dass andererseits so wahnsinnig viele Mütter so erschreckend unerfüllt sind! Sie sind genervt, abgewirtschaftet und uninspiriert – gelangweilt und angeödet von der eigenen Brut!

In einer zivilisierten Gesellschaft sollte man als Person nicht dafür bewertet werden, wen oder was wir produzieren oder hervorbringen können, sondern wer wir selber sind und was wir aus unserem Leben gemacht haben. Erfüllung im Leben lässt sich in so vielfältiger Weise finden, wobei sich dies anscheinend all den Müttern verschließt, die einen anderen Weg für ihr Dasein als Frau nie in Erwägung gezogen haben. In der Ukraine ist Leihmutterschaft übrigens nur für verheiratete heterosexuelle Eltern erlaubt. Homosexuelle Paare, welche das perfekte Familienidyll unterm Christbaum suchen, müssen auf Indien oder Kalifornien ausweichen. In den USA ist die Sache allerdings deutlich teurer als in Indien, rund 50 000 Euro kostet eine Leihmutterschaft im Land der unbegrenzten Möglichkeiten. Somit dürfte ein kleines Luxusbaby für schwule Paare aus Kalifornien das Nonplusultra des romantischen Lifestyles sein und ein Kind das kostbarste Must-have-Accessoire innerhalb der Traumfabrik! Die Frage, wer die Mami und wer den Papi gibt, sollte vorab geklärt werden – denn selbst wer zwei Papis hat, wird früher oder später entdecken, dass man gewisse Dinge eben nur »unter Frauen« und andere nur »unter Männern« abklären kann. Hier tut sich eine gänzlich neue Dimension auf, die wahrlich das Gefühl vermittelt, dass wir Schicksal und die eigene Zukunft bezwingen können.

Doch nichts kommt dem gleich, was es für Frauen bedeutet, nachts schweißgebadet aus einem Alptraum hochzuschießen und von dem Gedanken »Hiiiiiiiiiiilfe – es bleiben mir nur noch zwei Jahre, um Kinder zu kriegen« malträtiert zu werden! Es schlummert so viel mehr hinter dieser Baby-

Angst: Wir werden von Mutter Natur vehement an all die limitierten Möglichkeiten erinnert, mit denen wir als Frau herumzuknapsen haben. Geraten wir doch bereits in Panik, wenn wir im Winterschlussverkauf einen um 50 Prozent reduzierten Kaschmirpulli auf dem Grabbeltisch ausspähen, der zwar zwei Größen zu klein ist, den wir aber unbedingt kriegen müssen, weil er unsere Lieblingsfarbe hat und eine andere Konkurrentin auch daran reißt. Wer bei Sonderangeboten schon in Wallung gerät, kann einfach nicht nüchtern und besonnen bleiben, wenn sich herausstellt, dass er nachweislich gegen Sperma immun ist. Und es wird am Ende immer die Frau sein, die keine Kinder gekriegt hat – niemals der Mann.

Sich gegen Kinder zu entscheiden ist für Frauen bestimmt eine bittere Entscheidung, denn schließlich entspricht es nicht unserer DNA. Die Lektionen, die uns durch Mutterschaft erteilt werden, sind unersetzbar und durch nichts aufzuwiegen. Mutterschaft ist nun mal ein transformatives, beispielloses Ereignis in unserer Biographie, und niemand will sich als immun gegen Sperma outen müssen. Um dieses Stigma geht es nämlich, wenn Frauen kinderlos bleiben.

Aber unter der Oberfläche der fürsorglichen Frage der liebsten Freundin, »wann denn nun endlich mal ein Kind kommt«, schlummert auch noch ein tieferer Unterton, ein Subtext, der nicht zu überhören ist, wenn man feine Antennen besitzt. Wer achtsam hinhört, alle störenden Nebengeräusche abstellt, den eigenen Zeigefinger an die Lippen presst, um Lauscher zur Ruhe zu gemahnen, nur der kann der entscheidenden Botschaft nachspüren: Die wohlmeinende Freundin, die mitten im Leben steht – das Mamiprogramm in- und auswendig kennt und weiß, wovon sie spricht, weil sie nämlich selbst Haushalt, Familie, Kinder und Beruf stemmt –, will uns den subtilen Hinweis geben: »Willst du wirklich alles, was du erreicht hast, aufs Spiel setzen, indem du dir dein Leben mit Kindern ruinierst?«

Vertraut man sich in seinen romantischen Träumen um Kinder und Familie gestandenen »Leitbachen« an, wird man nicht unbedingt ermutigt. Im Gegenteil, man erntet skeptische Blicke und mitleidiges Schmunzeln. Denn die weisen, alten Frauen wissen, dass es dann mit vielem vorbei sein wird. Sie wissen, dass wir nicht Jesus oder Einstein oder Bill Gates zur Welt bringen werden, sie wissen, dass auf der Welt schon genügend Kinder geboren werden und der Planet Erde sich nicht in den Kindern jeder einzelnen Frau multiplizieren muss, damit die Spezies Mensch erhalten bleibt.

Eine kreative, produktive, erfüllte Persönlichkeit zu entfalten und sein Leben in den Dienst anderer Ziele zu stellen wiegt gewiss mehr – als eine überforderte Mutter zu sein. Wenn beides möglich sein kann, sind wir wahrlich mit echtem Reichtum gesegnet ... Aber – ein Leben ohne eigenes Baby erschließt auch Kapazitäten, die wir nur zu gerne übersehen: die hundert wichtigsten Bücher in der Geschichte der Menschheit zu studieren, fünf Fremdsprachen so zu erlernen, dass wir darin debattieren und argumentieren können, Gipfel erklimmen, ruhig und allein endlose Strandspaziergänge und Herbstspaziergänge bei Sonnenlicht genießen, Whiskey mit den Anarchisten trinken, Flugblätter mit den Revolutionären verteilen, Zauberkunststücke am Tisch perfektionieren, Eisschwimmer werden, ein Gartenreich erschaffen, Literaturkreise gründen, einer Steel-Band oder einem Gospel Chor beitreten, Ausländer bei der Integration unterstützen, großartige Patentante sein, Höflichkeit kultivieren und die eigene

Mutter mal wieder anrufen. Jede Frau, die sich aus freiem Willen, in voller Besonnenheit und nach reiflicher Überlegung bewusst gegen eigene Kinder entscheidet – erweist der Menschheit auf lange Sicht einen wertvollen Dienst. Die Welt braucht Frauen, denen es möglich ist, ihren Wert als Persönlichkeit aus sich selbst heraus zu definieren, ihre Fähigkeiten und Talente in vollstem Potential zu entfalten und nicht nur in den Dienst der eigenen Familie, sondern einer großen Gemeinschaft zu stellen. Vom Mikrokosmos zum Makrokosmos: Hier bietet sich eine nur zu gern übersehene Chance, »zur Mutter vons Janze« zu werden! Denn das Programm der Hausfrau und Mutter ist nach sechzehn Jahren ausgeträumt. Bei einer Lebenserwartung von achtzig Jahren werden wir als Mutter davon nur den kleinsten Teil – nämlich knapp ein Viertel unseres Lebens – gebraucht. Wehe dem, der für den verbleibenden Großteil seines Lebens kein Konzept hat ... Allerdings werden auch hier die Spätgebärenden belohnt: Kaum ist die Brut flügge, wenn wir sechzig sind, erwarten uns noch fünfundzwanzig Jahre, in denen wir uns den wirklich wertvollen Dingen des Lebens widmen können. Was aber bitte schön macht eine Vierzigjährige, die nicht mehr von den Kindern gebraucht wird, weil sie schon mit Anfang zwanzig geworfen hat, und die, abgesehen von einem einzigen Praktikum, stets nur Hausfrau war?

Ein halbes Leben ohne Ziel ... das kann tödlich sein!

14

Shitstorm im Büro

Warum fällt eigentlich niemand mehr in Ohnmacht? Früher war dies doch eine veritable und elegante Methode, allen prekären Situationen auszuweichen und umgehend die volle Aufmerksamkeit zu erzwingen. Galt es doch in einer auf Etikette und gute Sitten bedachten Gesellschaft, den Ruf zu wahren und seinen Leumund zu erhalten.

Heute ist es umgekehrt. Mit der grenzenlosen Verbreitung persönlicher Beleidigungen, Peinlichkeiten und Obszönitäten haben die neuen sozialen Netzwerke ein globales Forum geschaffen, welches garantiert, dass kein Mobbing, keine Herabwürdigung oder Verletzung der Intimsphäre verlorengeht.

Jeder Depp ist aufgerufen, anonym genau das zu posten und loszuwerden, wovon die eigene Feigheit ihn zuvor zumindest noch abgehalten hätte. Heute bekommt jeder Arsch sein Forum im Netz, und wenn die Pöbelei nur genügend Klicks erhält, wird sie automatisch von den Entscheidungen, die das System selber fällt, wie eine Lawine um den Globus gejagt.

Monica Lewinsky kann froh sein, dass es noch kein Facebook gab, als sie im Oval Office mit ihrer hungrigen Pussy die Zigarre des Präsidenten Bill Clinton geraucht hat.

Und auch Prinzessin Diana ist erspart geblieben, was ihr diese neuen Medien – unter denen sie schon in der antiquierten Variante litt – heute antun würden, wenn die royale Ehe zu dritt und der Tampon von Camillagate den anonymen Klugscheißern und Spöttern als Steilvorlage zur Verfügung gestanden hätten. Etikette-Expertinnen können sich heutzutage doch allesamt einsargen. Wie man das Besteck hält, ist doch völlig egal, wenn Anstand, Würde, Klasse und Feingefühl längst keine Bedeutung mehr haben. Es zählt nur das Forum, die Klicks und die Likes! Eine neue Währung, die für größtmögliche Verwirrung unter jenen sorgt, die nicht als Eremit ohne Strom und Wasser in einem Baumhaus leben.

Und ganz eindeutig hat die allgemeine Verrohung auch Einzug in die Arbeitswelt gehalten. Wie nie zuvor bietet sich hier ein aufregendes Spektrum, sich nach allen Regeln der Kunst unter Kollegen gegenseitig zu belästigen. Ob es sich um Fußpilz in offenen Sandalen, ein übelriechendes Lunchpaket, unterlassene Beantwortung von E-Mails und Ablenkungen durch iPhones und penetrante Werbejingles handelt, die Frustrationen durch private Unterbrechungen gehören zum Berufsalltag.

Es gibt eine Art im Leben, die Dinge auf unprofessionelle Weise oder auf professionelle Weise zu erledigen.

Offene Großraumbüros ohne Intimsphäre, entstanden, um Kosten und offenbar Wände zu sparen, sind bestens geeignet, sich gegenseitig zu beobachten, auszuspionieren und auf den Zeiger zu gehen. Türen schützen nicht mehr länger vor ungebetenen Besuchern, halten keine unangenehmen Gerüche fern, dämmen keine Brüllerei mehr ein. Keime, Viren, Erkältungen, Husten und Schnupfen können sich ungehindert ausbreiten. Kollegen, die am Schreibtisch schmatzen, futtern und ihre Fingernägel abklipsen, so dass sie durch den Raum schnipsen, haben kein Problem damit, auf Grenzen zwischen Privatleben und Beruf zu verzichten. Wo ihre Persönlichkeit als Kollege beginnt oder endet, wo Rücksichtnahme auf die Bedürfnisse der Mitarbeiter vonnöten wäre, entzieht sich ihrem Empfinden. Das sind dann auch jene Gutmenschen, die im Büro indische Räucherstäbchen in den Blumentopf stecken und damit die Atmosphäre auflockern wollen, ohne darüber nachzudenken, dass der Kollege sich vor den olfaktorischen Ausdünstungen vielleicht ekelt. Oder seine Migräne bekommt?

Genauso wie wir heute die Arbeit in Form des Laptops und iPhones überall mit hinnehmen und eigentlich 24/7 im Dienst sind, so tragen wir umgekehrt das Private ins Berufsleben hinein. Persönliche Angelegenheiten werden vom Arbeitsplatz aus erledigt: Ob es die Suche nach dem neuen Babysitter ist, Wohnungsannoncen durchforstet werden, die Anrufe bei Arzt, Steuerberater, Finanzamt, Bank und natürlich bei der aktuellen Liebelei – alles wird vom Schreibtisch im Büro aus erledigt. Hinzu kommen die pseudosozialen »Events«, die einige Arbeitgeber und Firmen organisieren, mit Kollegen, die eigentlich Konkurrenten sind, mit denen man produktiv arbeiten soll, die aber selbstredend bei all der Nähe dennoch keine Freunde sind. Viele Manager koordinieren Horden von Angestellten, um gruppendynamische After-Work-Cocktails, Sportveranstaltungen oder Fortbildungen in Wellnessoasen oder Metropolen stattfinden zu lassen.

Ein eklatantes Missverständnis, sich dort wie auf einer privaten Party zu benehmen und diese Wochenenden oder Abende, die der Akquise gelten, als Freizeit zu verstehen. Die Zeit, die verbracht wird, um sich gegenseitig der Illusion hinzugeben, dass jeder jeden im Büro liebt, sollte lieber investiert werden, um produktiv die Arbeitsaufgaben zu erledigen.

Denn derartige Überstunden, die als Freizeit getarnt daherkommen, höhlen die Finanzen und das Familienleben aus.

Ebenso wie die Wände in den Büros verschwunden sind, so hat sich die psychologische Distanz aufgelöst, die uns ehemals eine professionelle Identität verliehen hat und damit für respektvollen Abstand sorgte. Schließlich schwindet in diesem Szenario auch der professionelle Dresscode, so dass der Journalist in Badelatschen seine Interviews macht und Meetings im Jogginganzug stattfinden. Zwischen Kollegen und Klienten würde viel mehr Respekt und Achtung herrschen, wenn ein gewisser Dresscode Beachtung fände. Aber da rutscht halt der Stringtanga über das Arschgeweih der vierzigjährigen Redakteurin, wenn sie sich nach ihrem Fischbrötchen bückt, das auf dem niedrigen Rauchtisch liegt – so dass man glatt vergessen könnte, dass es tatsächlich so was gibt wie Öffentlichkeit am Arbeitsplatz. Die Erkenntnis, dass eine gewisse Etikette im Beruf Vorteile verschafft, scheint selbst in Managerseminaren als unpopulär zu gelten.

Etikette im Büro dient dazu, erfolgreich Verbindungen aufzubauen und auch in komplizierten Situationen Respekt zu wahren. Das Gefühl für diese Gratwanderung verliert sich natürlich, wenn man sich nebenbei selber auf Facebook promoted, auf Singlebörsen cruist, Partnerportale durchforstet, Urlaubsbilder bearbeitet, Nägel lackiert, Shitstorms zusammenrührt und die Beine auf dem Schreibtisch ablegt, während man am Bubble Tea nuckelt und dabei fernsieht. So läuft's aber in vielen Büros!

Die Unternehmenskultur des Arbeitgebers zu verstehen und diese zu respektieren gehört zum kleinen Einmaleins eines Arbeitnehmers. Aber er wird ins Schleudern geraten, wenn überzogene Lässigkeit zur allgemeinen Spielregel eines

Betriebsklimas erhoben wird – oder der Chef selbst das Gefühl für Corporate Identity verloren hat. Tätowierte Titten als Desktop-Bild sind nicht zwingend erforderlich, um Inspiration zu finden.

Denn hinter der ganzen Fassade lauert wie ein Ungeheuer die Textflut, die wir hinterlassen: all die unaufgeforderten persönlichen Bekenntnisse, Frustrationen oder Gelüste, wie man selber den Betrieb umkrempeln würde, wäre man doch bloß der Chef. Und sie wird sich nicht großartig von dem Stil unterscheiden, den wir ansonsten vor uns hertragen. Kaum vorstellbar, dass ein smarter Geschäftsmann im toll sitzenden italienischen Anzug fiese Obszönitäten auf anonymen Trash-Portalen unter dem Pseudonym »Alte Kackbratze« postet, um auf jene draufzuhauen, die eh schon am Boden liegen.

Nackte Beine im Büro, nervige infantile Klingeltöne, abgelaufene Speisereste im Kühlschrank, angefressenes Obst, das alles folgt direkt nach dem Einstellungsgespräch und wird zum stillen Begleiter des Alltags. Gepaart mit der unaufhaltsamen Sorge um den Verlust des Arbeitsplatzes in einer krisengeschüttelten Wirtschaftslage. Welch ein Spießrutenlauf erst und Tanz um alle Fettnäpfchen, wenn man dann zur großen Weihnachtsparty knuffig ausstaffiert als Rentier antritt und sich angetütert in Glühweinlaune Luft über alles machen darf, was einen immer schon gestört hat.

Es gibt Leute, die das Rampenlicht brauchen und Ihre berufliche Zukunft in den Händen halten – es wäre kein guter Rat, sich plump vertraulich bei solchen Betriebsfeiern als Gnom verkleidet an sie ranzumachen. Und um Himmels willen, sorgen Sie dafür, dass Sie gegessen haben, bevor Sie mit den Bürokollegen einen heben – denn Saufen auf leeren Magen und Exzesse in netter Runde können damit enden, dass

Sie der Vorgesetzten auf dem Weg in den nächsten Club auf die teuren Stiefel kotzen. Mag ja witzig sein, wenn Sie mit den eigenen Sportsfreunden übers Oktoberfest torkeln, aber Büro bleibt Büro – und diese Gratwanderung zwischen Dienst und Bier, Birkenstocksandalen und Betriebsausflug, Mundgeruch und Mobbing, Büroaffäre und Shitstorm, Prominenz und Peinlichkeit ist so öffentlich wie nie zuvor.

Hängen Sie die Latte lieber hoch und manifestieren Sie ein wenig Dekorum. Mit Haltung und Lebenskultur fällt man heutzutage schneller aus dem Rahmen als mit Nacktbildern, Blankziehen und gepiercten Brüsten im Internet! Das kann einfach jeder – sich stilvoll und angemessen anzukleiden hingegen und innerhalb gewisser Regeln im Alltag den guten Ton zu wahren ist fast schon eine Kunst! Gefressen wird ja sogar schon auf den Fluren der Landgerichte und fotografiert wird man sogar, wenn man auf dem Klo sitzt – wer also prominent werden will, sollte ganz einfach mal was Neues erfinden als das ewige primitive Rumgeprolle. Blankziehen ist so wahnsinnig gestrig, so ermüdend und ein Witz, der sich längst überlebt hat. In etwa so spannend wie die Geißens. Es ist nach der ersten Folge einfach alles gesagt! In hundert Folgen immer und immer wieder wie ein Mühlrad denselben Witz reißen – das ist in etwa so geistreich wie Testbildschauen. Und so stimmungsvoll wie ein flackerndes Kaminfeuer an der Wand auf dem Flatscreen. Alles Surrogate. Ein Leben als Placebo. Für Hirne wie ein Schweizer Käse.

Glauben Sie mir ... das alles war cool in den Achtzigern, also bitte erweisen Sie sich selbst einen Dienst und kommen Sie nicht immer zu spät! Die Zonengrenze ist ja auch seit fünfundzwanzig Jahren abgeschafft und manche sprechen immer noch von der DDR!

GIBT ES EIN LEBEN ALS FRAU?

In welcher Epoche leben wir denn nun? Um alles, was wir hier seziert haben, zusammenzufassen: Wir scheinen uns im Zeitalter der Geschmacksbypässe zu befinden. Denn selbst die, die über Stil den Stab brechen, haben keinen ... Gut, es gibt Indikatoren, an denen man sich orientieren kann. Dass man sich in einem Milieu bewegt, wo die Maxime gilt: »Lieber neureich als nie reich«, erkennt man daran, dass die Brüste unecht sind und dafür die Juwelen echt aussehen. Zieht man in Betracht, was die Alternative wäre – echte, hängende Brüste zu Schmuck, der falsch ist –, dann hat man bereits die Grundlage für einen wahrlich philosophischen Diskurs über Stil geschaffen: Wie wäre es mit einem Dekolleté praller, natürlicher Brüste zu edlen, echten Pretiosen?

Wir sehen: Guter Geschmack liegt nicht auf der Straße. Er ist selten geworden, und um ihn zu finden, muss man lange experimentieren. Sonst endet man tatsächlich in der Gruppe derer, die glauben, guter Geschmack, das wäre so zu leben und auszusehen wie die Geißens. So zeichnet RTL doch für uns das Leben der Multimillionäre und glücklichen Menschen, die alles erreicht haben, was auf der Sonnenseite des

Lebens möglich ist. Hauptsache shoppen – wenn ich gar nichts hinbekommen habe in meinem Leben als Frau, dann tröstet mich, dass ich wenigstens beim Shoppen die Queen sein kann!

Und es gibt ja heute auch alles für kleines Geld. Von vielen Dingen gibt es einfach zu viel. So viel, dass es uns süchtig macht. Ein absolutes Zeitgeistphänomen sind zum Beispiel die Schuhjunkies. Zu einem Leben als Frau gehört auf jeden Fall ein eigener Schuhschrank. Denn dreihundert Paar Schuhe erfordern dringend neues Mobiliar, damit wir bei der Konzeption des eigenen Heims den Süchten genügend Raum gewähren. Von all den Süchten ist der Schuhwahn aber immer noch das gesündeste Laster: macht nicht dick, belastet nicht den Cholesterinspiegel und zieht keine Hefepilzinfektion nach sich.

Meine Sucht nach Schuhen hat definitiv mein Denken verändert. Ich sehe nämlich super aus in Highheels. Okay, jeder sieht super aus in Hackenschuhen. Aber meine Füße tun irre weh. Mein kleiner Zeh ist nämlich immer eingequetscht. Drum möchte ich mich hier outen – denn damit beginnt jede Therapie: Ich habe einen *Hallux valgus*! Und Schmerzen, dass ich nicht mehr klar denken kann. Immer muss ich mich entscheiden: Stilettos oder Denken.

Ich entschied mich lange Zeit fürs Denken.

Und kaufte folglich jahrelang schicke, flache Schuhe. Ich kaufte mir zum Beispiel diese rosafarbenen Pretty-Ballerina-Slipper, zu denen der Verkäufer mich überredete – für 290 Euro. Er meinte, diese Schuhe hätten einen Zehenausschnitt. Von Ballerinas mit Zehenausschnitt hatte ich noch nie gehört. Aber dadurch wurde mir klar, dass schicke, flache Schuhe, die vorne einschneiden, genauso unbequem sind wie

Hackenschuhe, nur dass sie eben nicht diese magische Beinlinie zaubern.

Glücklicherweise lernte ich zu genau diesem Zeitpunkt eine unglaublich stylische Frau kennen, die Birkenstocksandalen trug. Während meiner Studienzeit war ich Doc-Martens-Fan gewesen und Birkenstock repräsentierte all das, was ich auf keinen Fall sein wollte. Bei den Mädchen, die sie trugen, schauten vorne immer große, schmutzige Zehennägel raus. Man konnte absolut nicht mit jemandem befreundet sein, der Birkenstocksandalen trug. Aber diese stilsichere Frau trug ihre Birkenstocks zu weiten, beigefarbenen Cordhosen und einem ärmellosen T-Shirt von Comme des Garçons. Es war eine Offenbarung. Gleich am nächsten Tag ging ich los, gönnte mir eine Pediküre und kaufte mir ein paar Birks. Dunkelbraun. Standardmodell. Und da wurde mir klar, dass diese Birkenstocks in Wirklichkeit die coolsten, punkigsten Schuhe sind, die man als Frau nur haben kann. Birks sind ein Statement. Sie haben eine politische Botschaft. Birks sagen: Seht her – das bin ich! Und das sind meine Füße. Wir alle haben Füße, und wir sollten endlich zu unseren Füßen stehen und zugeben, dass diese damenhaften Schuhe, die so super aussehen, dass selbst ein schwuler Karl Lagerfeld sie als Fickschlappen bezeichnet, unglaublich unbequem sind und obendrein Blasen verursachen.

Klar sehen Heten das anders. Sie hassen Birkenstocks. Einmal wollte ich mit meinen Birks ausgehen und mein Herzensprinz sagte: »Aber du hast doch versprochen, dass die nur für im Haus sind.« Er meinte, ich sähe damit aus wie ein Troll aus Mittelerde. Und einmal, als St. Pauli um den Aufstieg spielte, brachte er mich dazu, das Fernsehzimmer zu verlassen, damit ich keinen Fluch über die Mannschaft bringe.

Nachdem ich sitzengelassen worden war, begann ich wieder Highheels zu tragen. Was blieb mir als Single übrig? Louboutins! Ooooooh Gott, diese Schmerzen ...! Keine Chance für eine Frau, darin klar zu denken. Louboutins sollten unter das Betäubungsmittelgesetz fallen. Aber ich sehe super damit aus. Man muss sich entscheiden: Highheels oder Denken – ich habe mich neuerdings für Stilettos entschieden.

Denn was hat mir das Denken gebracht?

Okay, ich sehe größere Gesamtzusammenhänge. Ich weiß, die Männer spielen mit uns seit Jahrtausenden dasselbe Spiel – aber mittlerweile kennen wir die Regeln! Wir wissen: Der männliche Körper ist besser designed als das männliche Hirn! Das habe ich inzwischen kapiert. Und an dieser Schwachstelle müssen wir als Frauen einhaken. Zumindest solange unser Hirn größer ist als unsere Brüste.

Schauen Sie, ich habe dank meiner intellektuellen Kapazitäten und meines hohen Bildungsniveaus nun schon seit vielen Jahrzehnten die Gelegenheit, die auf unterschiedlichste Weise sozialisierten Frauen zu beobachten und die Frauenbewegung aus nächster Nähe zu betrachten. Es scheint rein äußerlich alles beim Besten zu sein: Wir stellen mehr als die Hälfte der Abiturientinnen, wir müssen uns weder verschleiern noch jung verheiraten lassen. Keiner würde einer Frau das Recht auf Bildung und eine eigene Meinung absprechen. Wir dürfen Bundeskanzlerin sein, Männer verhaften, Lufthansa-Pilotin werden und als Soldatin in den Krieg ziehen.

Alles bestens also, kein Grund, besorgt vom Latte to go aufzusehen?

Mitnichten. Denn unser Haar ist und bleibt wie die Piratenpartei – es lässt sich absolut nichts damit anfangen, wenn wir es nicht unter Kontrolle behalten. Und wenn das Haar nicht sitzt, wird man bei all dem, was unsere Generation leistet, in den Frauenmagazinen dafür trotzdem mit Spott und Häme bedacht. Obwohl wir nicht als Model antreten, werden wir nach diesen Maßstäben gerichtet – oder vernichtet.

So was würde man Männern niemals antun. Unter dem Strich geht's bei Frauen immer um den Look.

Unter dem Deckmantel der ach so fortgeschrittenen Emanzipation und Gleichberechtigung haben wir uns doch vom Einfluss von Medien, Internet, Trash-Fernsehen und Hartz-VIII-Promis immer weiter in die Verblödung, Inhaltslosigkeit und Dummheit treiben lassen. Junge Mädchen glauben allen Ernstes, dass diese medialen Pappfiguren, die nur verkrachte Existenzen sind, deren psychischer Deformationen die Medien sich zur »Vorführung« und »Nabelschau« bedienen, uns irgendwie Realität vorspielen würden. Sie geben It-Girl als Beruf an. Halten Glamour und ein Leben auf dem roten Teppich für eine Religion. Jugendliche denken doch im Ernst, ein erfolgreiches »Leben als Frau« besteht darin, mit sechzehn Germany's Next Topmodel zu werden, mit dreiundzwanzig ProSieben-Moderatorin, mit siebenundzwanzig einen Adelsspross zu heiraten, den man nicht wirklich liebt und der fast doppelt so alt ist wie man selbst, mit zweiundvierzig Zwillinge von einer Leihmutter zu kriegen und mit dreiundfünfzig immer noch die Figur einer anorektischen Zwölfjährigen zu haben, um dann in Skinny Jeans Sub Size Zero mit burschikosem Wuschelkopf und gemachten Brüsten die Birkin-»Investment-Bag« auf der Maximilianstraße auszuführen. Sozusagen als Handtaschenereignis, an der als Anhängsel eine Frau dranhängt.

Ja, Erfolg im »Leben als Frau« besteht heute darin, nach sieben Schwangerschaften noch in Kleidergröße 34 zu passen und dann nebenbei auch noch mindestens Verteidigungsministerin zu werden. Ohne Superlative wird man als Frau gar nicht mehr wahrgenommen: Alle sind sie »Suuuper!« Suuupermodel, Suuuperkinder, Suuuperlover, Suuuperhaus, Suuuperleben, und immer schön sich selber als Stilikone bei Facebook promoten und die Cupcakes dokumentieren, die man gerade wieder gegessen hat. Es ist wie in der Nachkriegszeit: Schaut mal, ich habe was ergattert, was man essen kann und äääätsch, ich esse das jetzt und bin trotzdem schlank, und ihr blöden Kühe da draußen, ihr werdet niemals so schön und verwöhnt sein wie ich – denn ich bin It-Girl und ihr seid gaaar niemand!

Was ist das für ein krankes Neidprogramm, was da die Weiber aus »ihrem Leben als Frau« posten? Stecken sich den Finger in den Hals, versagen sich alles, was Spaß macht, und wollen dann die Welt wissen lassen, dass sie doch tatsächlich leidenschaftliche »Sünderinnen« sind, weil sie mal ein Stück New York Choc Devil Cake bei Starbucks gegessen haben? Klar, wenn man überhaupt mal isst, dann ist das ja auch eine Meldung, die um die Welt geschickt werden muss und das Universum bereichert! Schaut her: »Ich esse!« – *what a claim to fame ...!*

Noch nie hing die Latte, die Frauen an sich selbst angelegt haben, so hoch. Noch nie war es so unmöglich, sie jemals zu erreichen. Jetzt sind wir schon da angekommen, dass wir uns selbst feiern, wenn wir uns was zu essen gönnen oder auf dem roten Teppich geliehene Kleider vorführen. Seit *GNTM* in Deutschland läuft, sinkt jedes Jahr die Zahl junger Mädchen, die mit sich »als Frau« zufrieden sind. Statistisch bewiesen! Da wächst eine Generation heran, die ihr Leben lang damit beschäftigt sein wird, sich zu dick, zu dünn, zu klein oder zu groß, auf jeden Fall »im Leben als Frau« falsch zu finden. Weil sie den falschen Idealen folgt. Kein Wunder, wenn die Teletubbies einen erzogen haben.

Und trotzdem hat keiner Zeit. Zeit ist Luxusware geworden. Man muss sich ja dauernd rasieren, epilieren, tätowieren, piercen, die Brüste hochschnallen, die Lippen aufspritzen, das Fett absaugen, shoppen, shoppen, shoppen – und nebenher muss man tatsächlich auch noch die eigenen Kinder erziehen! Um Gooottes willen, die rennen rum und schmeißen Handtücher in die Ecken, Hiiilfe, die parieren nicht und sitzen nicht schweigsam am Tisch, oh Goooott, und die sind in der Schule keine Genies … sondern haben am Ende vielleicht sogar handwerkliche Talente und wären laut Zeugnis bestens aufgehoben in einer Fleischerlehre … Klar, denn sie sind genauso hohl, hektisch und verstrahlt wie die eigene Mutter.

Eine Handwerkslehre und eine ordentliche mittlere Reife??? Doch nicht in unserer Familie!

Nein, da wird schnell das Abi in der Schweiz gekauft und ein Porsche vor die Tür gestellt, um das Selbstbewusstsein mit einem sexy Statussymbol aufzumöbeln. Gott, was sind die Kinder heutzutage schlecht erzogen. Sie rufen der Mutter nach: «Ich will ein Eis – aber mach schnell!» Und die Mütter rennen, damit Ruhe ist …

Und die Töchter werden mit ihrem Leben als Frau auch nie zufrieden sein, weil sie das genauso von ihren belogenen, betrogenen, hintergangenen, frustrierten Müttern gelernt haben. Ein Mann, der seine Frau hintergeht, hintergeht nämlich jeden. Und wenn dann eine betrogene und hintergangene Frau aus einer Ehe nicht aussteigt und auf diese Weise ihrer Würde als Frau den Bankrott erklärt, lernen die Kinder nicht einmal, dass man sein Leben selber in die Hand nehmen kann und dass man für sich selbst und sein Wohl die Verantwortung übernehmen muss.

Junge Mädchen wollen in die Fußstapfen der Hartz-VIII-Pornotanten treten und halten es für eine Karriere, als Wichsvorlage zu dienen. Denn wenn man blankzieht, ist das ein Sprungbrett als DJane oder Werbeikone.

Ikonen gibt es gar nicht in Wirklichkeit. Die sind pure Fiktion! Visuell gezeugt in der Graphikabteilung, damit Bilder verkauft werden und alle anderen Kasse machen können. Und wenn Paris Hilton morgens ungeschminkt ihren Latte to go holt, sieht sie genauso fahl und verquollen aus wie jeder andere Mensch auch.

Kennen Sie die Nacktfotos von Helmut Newton aus den Neunzigern – mit den legendären Topmodels? Die wirken heute fast eklig. Und dies, obwohl Newton damals die schönsten Frauen der Welt fotografiert hat! Denn die Fotos bilden normale Frauen ab. Die haben keine perfekt genormten, implantierten Körper, sondern, oh Graus, sie haben buschige Haare im Schambereich.

Die Schamzone wurde in einer feindlichen Übernahme der Pornoindustrie abgeschafft. Deshalb ist es auch normal, dass eine Daniela Katzenberger bei Markus Lanz im ZDF den gebleichten Status ihres Afters promotet. »Ohne schweinchenrosafarbenes, gelasertes Arschloch ist man im Leben als Frau ja heute aus dem Rennen« – wird jede Hauptschülerin denken, die zu Hause in Highheels vorm Fernseher sitzt und an ihren Gelnägeln rumfeilt. Deshalb steht auch die Schamlippenverkleinerung bei den Schönheitschirurgen gleich nach Brustimplantaten an oberster Stelle.

Die Models von Helmut Newton waren noch normale Menschen und nicht Bausatzkästen aus Plastik, so wie wir das heute medial gewohnt sind. Schade – denn aus diesen neuen Idealen spricht eine immense Lieblosigkeit uns selbst gegenüber. Es wird ganz einfach den falschen Werten gehuldigt. Wir können uns selbst, diese unperfekten, haarigen, furzenden Körper mit schlaffem Busen, Orangenhaut, hängendem Popo und Doppelkinn überhaupt nicht mehr aushalten. Am liebsten wären wir aus Acryl! Ein glattes, haarloses, nach synthetischen Duftstoffen riechendes, sandgestrahltes, umgebautes, aufgeblasenes, hochgetuntes, aseptisches »Leben als Frau«.

Unsere Töchter werden dank dieser Entwicklung ein Leben lang auf Kriegsfuß mit sich selbst stehen. Bis sie später, im hohen Alter, Bilder von sich sehen werden. Und dann werden sie im Jahre 2055 denken, waaass, so schön war ich – und hatte trotzdem immer so viele Komplexe? Aber dann ist es zu spät, um glücklich zu werden. Der größte Feind ist die Wirklichkeit geworden.

Dreißig, vierzig, fünfzig Jahre lang hecheln wir uns ab, um uns selbst einigermaßen liebenswert zu finden. Wir betäuben uns mit Drogen, Schuhen, Events, Champagner, Handtaschen und Operationen, um ein Fünkchen Selbstachtung zu erzwingen. Und während wir dabei heimlich einen Nervenzusammenbruch nach dem anderen kriegen, überholen uns die Männer lachend von links. Und sagen dann noch eines Tages: »Wie siehst du überhaupt aus? Guck dich mal im Spiegel an.« Die Gesellschaft muss uns gar keine Steine mehr beruflich in den Weg legen, das machen wir schon selber. Mit unserem Perfektionswahn und dem Attraktivitätswettstreit, den wir gegen die ganze Welt führen. Geht einfach mal im Bikini an die Strände Lateinamerikas, wo das Zeitalter der Arschterrasse angebrochen ist.

Man könnte ein Sternbild nach den Kurven von JLo, Beyoncé, Rihanna und Shakira benennen, denn das Firmament weist in der Unendlichkeit seiner Himmelskugel mit Sicherheit Konstellationen der Gestirne auf, die ein perfekt geformtes Hinterteil nachzeichnen. Und seit der Antike war es das Ziel der Astronomie, durch thematische Sternbilder auch den technischen Fortschritt des Zeitalters zu repräsentieren – so zum Beispiel im Sternbild des chemischen Ofens oder der Luftpumpe, zu sehen am südlichen Sternenhimmel. Auch Silikonmelonen finden sich am Firmament, wenn man nur lange genug danach sucht. Aber sollte das wirklich zu unserer Orientierung dienen?

In den Sechzigern haben wir Frauen unsere BHs verbrannt, heute tragen Dreizehnjährige dick wattierte Push-up-BHs, die ihnen die Oberweite einer russischen Matrone verleihen. Und dabei bloß keine Brustwarzenumrisse erkennen lassen! Denn das ist ja iiiieh! Das erinnert ja an Stillen und Kinder und Hängebrüste und Mutterschaft und dieses ganze andere unappetitliche Zeug mit den Körpersekreten. An Natürlichkeit will eine zivilisierte Gesellschaft nicht erinnert werden. Genauso wenig wie ans Sterben. Das wird auch verdrängt und beiseitegeschafft.

Die gesamte gesellschaftliche Schieflage zeigt sich darin, dass von den sechzig Prozent weiblichen Abiturientinnen nur drei Prozent in Führungsetagen landen. Der Rest verliebt sich im oder nach dem Studium, kriegt Kinder, macht wenn überhaupt auf halbtags, traut sich nie zu, den blöden Job hinzuschmeißen oder den miesen Kerl zu verlassen, hat nicht den Mut anzuecken, Position zu beziehen, Konflikte auszutragen, der Wahrheit ins Gesicht zu sehen, zu kämpfen, auszuscheren oder ein Zeichen zu setzen ...

Hauptsache, das Bild auf Facebook stimmt!

Wir sind im Silikonzeitalter angekommen, und damit meine ich nicht den Inhalt von Millionen weiblicher Brüste. Postemanzipatorische Frauen haben sich selbst auf Gummipuppenstatus reduzieren lassen. Lebensinhalt: Duck-Face auf den sozialen Netzwerken, wo ich mich zur selbsternannten Ikone stilisiere und glaube, das wäre meine Lebensrealität. Doch bei Twitter und Facebook geht es nur darum, was wir von uns zeigen wollen, und nicht darum, wer wir sind. »Es ist die Lebenslüge einer Gesellschaft, die sich nur großartig findet« – sagt nicht La Nick, meint sie aber. Gesagt hat es Cate Blanchett – da hat man doch gleich mehr Respekt vor einer solchen Aussage, gell? Ja, wir Künstlerinnen mit gutem Geschmack sind uns einig.

Heute kann jeder Prinzessin Lillifee sein. Da der Adel seit bald hundert Jahren abgeschafft ist, darf jeder mit onlinebestellten Phantasiewappen und legalisiertem Missbrauch der Adoptionsgesetze diesen Status für sich beanspruchen. Es gibt heutzutage kein abgegriffeneres Symbol als das einer geschlossenen Kaiserkrone. Mit diesem profanen Allgemeingut versehen und ein Paar Strass-Steinchen aus Plastik drauf verkauft sich alles, was vorher ein Ladenhüter war.

Wer Wolkenbildern am Firmament auf der Spur ist, wird dort keine Kaiserkrone finden, aber jede Menge Arschterrassen. Wo sich Werte, Tugenden und das sittlich Gute dermaßen verloren haben wie im Silikonzeitalter, werden sich neue ethische Maßstäbe herauskristallisieren. Einst vermochte man sich in seinem Leben als Frau durch präzise und hervorragende Stickarbeiten aufzuwerten. Man wollte Zierde des Mannes sein. Heute bezieht man sein Selbstbewusstsein durch ein gebleichtes Arschloch. Wenn man die Welt durch den Blickwinkel der Proktologie betrachtet, kommt man eben an Scheiße nicht vorbei.

Eine Sache kommt bei all der medialen Nabelschau prinzipiell gar nicht vor. Nützt wohl nicht, um in irgendeiner Weise Kapital, Auflage, Quote oder Mehrwert zu produzieren, fällt im Kapitalismus komplett als Nullwert aus der Zeit. Taucht medial nirgends auf. Findet keine Erwähnung. Ist keine Schlagzeile wert. Läuft nicht im Fernsehen. Erscheint nicht in den Medien. Bringt nichts ein. Es ist: der gute Charakter.

Guter Charakter sollte viel mehr wert sein als gutes Aussehen. Es ist aber in unserer Gesellschaft umgekehrt. Zuerst nehmen wir die Optik wahr, die inneren Werte zeigen sich erst viel später. In der Anfangsphase spielen sie bei neuen Begegnungen gar keine Rolle. Drum lassen wir die vielleicht viel besseren Menschen einfach links liegen. Wir suchen nicht mal mehr nach dem »guten Menschen«, weil allein die Optik einen ersten Eindruck vermittelt. Unsere Gesellschaft lässt sich nur von äußeren Werten leiten, und darauf werden unsere Kinder getrimmt. Die inneren Werte fallen komplett unter den Tisch. Dabei wiegen charakterliche Fehler viiiiel schwerer als äußerliche Mängel. Und die Camouflage, die Optik, die Fassade, mit der wir uns heute so umfassend und aufwendig befassen, ist bestens geeignet, charakterliche Mängel zu kaschieren. Es ist wie beim Autohändler. Die polierte Oberfläche blendet und täuscht über das wirklich Wichtige hinweg.

Leider kann man den Charakter nicht auf den ersten Blick erkennen. Er zeigt sich erst in der Krise. Denn wenn gefeiert wird und Rambazamba angesagt ist, sind alle gleich. Die Spreu trennt sich erst vom Weizen, wenn es Probleme gibt und es heißt, Position zu beziehen. Nichts nutzt sich dann schneller ab als eine glattgebügelte Visage und ein hohles Grinsen.

Vertrauenswürdigkeit, Zuverlässigkeit, Ehrlichkeit, Aufrichtigkeit, Loyalität, Respekt, Toleranz, Einfühlsamkeit, Mitgefühl, Verantwortungsgefühl, Selbstdisziplin, Opferbereitschaft, Fairness, Großzügigkeit, Nächstenliebe, Anstand, Empathie, Mut – das sind moralische Qualitäten, die bei vielen Kindern nicht mal mehr im Vokabular stattfinden. Dies ist unser Dilemma! Wir setzen auf die falschen Pferde. Und sind dann ganz perplex, wenn sich unter den glatten Oberflächen charakterliche Defekte verbergen, die das Gute, Wahre und Schöne im Keim ersticken. Es gibt mehr als genug Menschen, die nicht einmal zu ihren eigenen Kindern gut sind und sich an ihnen schuldig machen. Worüber wundern wir uns in einer solchen Gesellschaft noch? Wohin soll der Weg gehen, wenn es das Schwerste für Menschen ist, ehrlich mit sich selbst zu sein? Aber alles ist willkommen, um uns zu betäuben und abzulenken.

Ich habe einfache Rezepte für ein glückliches Leben als Frau: Wenn Sie Magazine betrachten, die Sie neidisch oder mit sich selbst unzufrieden machen, weil Sie keine Fußballerfrau sind, die sich als Prinzessin inszeniert: Kaufen Sie so etwas nicht! Wenn Sie sich hingegen in den Flieger setzen und auf der Kurzstrecke ein buntes Blatt durchblättern, um darüber zu lächeln und sich über den ein oder anderen Suppenkasper zu amüsieren, der dort vorgeführt wird, dann haben Sie die Spielregeln unseres Medienzeitalters kapiert.

Wenn Sie von Ihrem Unternehmen als Mitarbeiter eingeladen werden, an der Weihnachtsfeier in einem Stripclub teilzunehmen und das lange Wochenende auf Fortbildung in Pornobars zu begießen – Schande über Ihre Kollegen! Wenn

Sie sich unter Druck gesetzt fühlen, weil Sie eine Hochzeit für fünfhundert Personen finanzieren sollen, da dies von der Brautfamilie so erwartet wird, heiraten Sie in Las Vegas. Und wenn eine Verkäuferin Ihnen eine 800-Euro-Handtasche auf den Tresen stellt, sagen Sie sehr laut und für alle vernehmbar: »Das kann ich mir nicht leisten, das ist ja die Hälfte von Ihrem Monatslohn!«

Wir Ladies haben jede Menge Optionen. Sich für einen guten Charakter zu entscheiden ist wesentlich schwerer, als jung, schlank und faltenfrei zu bleiben. Geformt wird unsere Zukunft von den Entscheidungen starker Frauen! Und gerade die Alphaweibchen müssen um ein Leben als Frau kämpfen. Denn die Bilderwelt gehört den Weibern mit der Arschterrasse!

Ich möchte auf Männer nicht verzichten – ich finde, sie sind ein durchaus liebenswertes Konzept. Was ich mir aber wünsche, ist eine radikale Angleichung in der Marktwirtschaft und in unserer Gesetzgebung. Es wäre nicht nur fairer, wenn Frauen zu Beginn des 21. Jahrhunderts größere Machtanteile zufielen, es wäre vor allem besser!

All diese Möglichkeiten, die das Matriarchat für uns bereithält in diesem unglaublichen Amalgam zwischen Lady Gaga, Mutter Teresa, Michelle Obama, Alice Munro, Angela Merkel. Janet Yellen, Herta Müller, Marissa Mayer, Toni Morrison, Christine Lagarde, Elfriede Jelinek und Aung San Suu Kyi sind wie eine Speisekarte, nach der wir unsere Wahl treffen.

In einem Leben als Frau gibt es für uns alle dieselben Initiationsriten und Eckpfeiler. Die persönliche Entscheidung, die wir treffen müssen, ist eine stilistische: Bin ich Prinzessin, Göttin oder Muse? Eins davon ist nämlich jede Frau – auch wenn sie Mutter ist! Die Arschkarte haben die Silikonen – die Plastikpuppen, die an alles Mögliche, aber nicht mehr an echte Menschen erinnern. Sie sind eher wie abwischbare Einweg-Schnittmustervorlagen, die auf Fotos rüberkommen, aber real einfach nur *spooky* aussehen.

Und das ist vielleicht das Schwierigste in einem Leben als Frau: ein Mensch zu bleiben, bei dem der Charakter heller strahlt als die Optik.

Und dann noch gesund im Kopf! Das ist kaum möglich in der Postemanzipation. Ein produktiver, ehrlicher, mutiger und respektvoll handelnder Mensch, der sein ganz persönliches Umfeld besser, wertvoller und lebenswerter macht. Das möchte ich sein. Nicht mehr und nicht weniger. Denn Prinzessin, Göttin, Muse und Mutter, das bin ich ja schon.

Was Prinzessinnen blüht, haben wir ja an Lady Diana gesehen. Als Kate Middleton ihren Prinz William heiratete, hat dies die unterschiedlichsten Frauen weltweit in ihren Gefühlen vereint: »Armes Ding! Mein Gott, weiß sie, worauf sie sich da einlässt? Ein Leben voller Zwänge, Intrigen, Fremdbestimmung, Nahaufnahmen von den Oberschenkeln, der Mähne und Spekulationen über ihre Ehe und geistige Verfassung? Ein Leben, angelegt, um im PRINT zu wirken ...«

Nein, heute sind wir nicht mehr bereit, lediglich als »die Frau von jemandem« zu existieren, sondern wollen selbst »jemand« werden. Sonst bleibt man in seinem Leben als Frau ein »Niemand«. Bestenfalls ein Niemand, der einen Fußballer geheiratet hat. Da mache ich es mir in meinem Leben als Frau lieber zur Aufgabe, unabhängig, autonom und selbstbestimmt in Freiheit die bestmögliche Version meines Selbst zu werden. Halt wie ein richtig toller Kerl, der noch Eier in der

Hose hat. Ist ja rar geworden heutzutage. Die Eier haben nämlich wir.

All das will ich sein – eben das volle Programm, nur mit wirklich wahnsinnig perfekt sitzendem Haar, das sich sogar bewegt, wenn man Kopf steht!!!

Marion von Schröder ist ein Verlag
der Ullstein Buchverlage GmbH

ISBN 978-3-547-71198-1

2014 by Ullstein Buchverlage GmbH, Berlin
Alle Rechte vorbehalten
Gesetzt aus der Sabon
bei LVD GmbH, Berlin
Druck und Bindearbeiten: CPI books GmbH, Leck
Printed in Germany